Günter G. A. Marklein

Ostfriesland für Einsteiger

Geschichte – Kultur – Landschaft

ISENSEE VERLAG
OLDENBURG

Pfarrhaus in Nesse

Text und Fotos: Günter G. A. Marklein

Redaktion: Renate Marklein-Hebbel

Bibliografische Information der Deutschen Bibliothek

Die Deutsche Nationalbibliothek verzeichnet diese Publikation in der Deutschen Nationalbibliografie; detaillierte bibliografische Daten sind im Internet über http://dnb.d-nb.de abrufbar.

ISBN 978-3-7308-1656-1

Gedruckt bei Isensee in Oldenburg

Inhaltsverzeichnis

Rüm Hart, Klaar Kimming

Weites Herz, Klarer Blick: Friesische Losung

Als die Ostfriesen noch mit dem Schwert und Speer und dem braunen Schilde den Begriff Freiheit gegeneinander unterstrichen, da reichten die Sieben Seelande küstenlängs von der Maas bis zur Wesermündung. Zu diesem Verband gehörte Ostfriesland als sechstes und Rüstringen als siebtes Seeland. Geblieben sind sie mit den sieben Inseln zwischen Ems und Weser. Sieben Seelande; man zähle nicht nach.
Zum Beispiel gehörte das Jeverland auch einmal dazu, wo Häuptling Wiemken 1360 seine Steinburg baute. Es geriet dann an Oldenburg, Anhalt, Russland, Frankreich und wieder an Oldenburg. Ähnlich rutschten auch andere Sprengel von einer Pranke in die andere. Dennoch blieben die Ostfriesen, was, wie und wo sie waren, bewegt, aber standfest in den golfströmigen Geheimwirbeln unserer Zonenbreite, liegen sie doch symbolisch auf der Nabe des Sonnenrades, wie es Hans Leip, der Texter von „Lilli Marleen", einmal beschrieb. Man schlage den Zirkel über Europa, so weit man mag, und im Achsenpunkt bei Aurich steht der Geist des Upstalsbooms, der Weltesche vergleichbar. Hier soll der Zusammenschluss erfolgt sein. Die Volksvertreter trafen sich jährlich am Dienstag in der Pfingstwoche. Die erste Zusammenkunft soll 1156 stattgefunden haben. Über die Tagungen von 1216 bis 1231 liegen Urkunden vor. Auf den Zusammenkünften wurden die 17 Küren, die 24 Landrechte und im 13. Jahrhundert die sieben Überküren beschlossen. Verträge wurden mit dem Upstalsboomsiegel (Tatius-Frisae-Siegel) bekräftigt.

Eala frya Fresena

Ab dem 9. Jahrhundert begannen die Normannen die Küstengebiete heimzusuchen. Diese laufenden Angriffswellen erforderten eine ständige Verteidigungsbereitschaft an der Küste. Die Abwehr wurde daher den Friesen selbst übertragen. Zu diesem Zweck wurde ihr Gut gegen Zahlung eines Anerkennungszinses an den König als freies Eigen und Erbe erklärt, und sie brauchten dem allgemeinen Reichsaufgebot nicht Heerfolge zu leisten. Die Friesen bekamen also mit ihrer Spezialaufgabe einen Sonderstatus, der sie miteinander verband.
Als der wilde Normanne sich gegen die Jahrtausendwende ausgetobt hatte, brauste der „blanke Hans" gegen Land und Leute auf: Die eiserne Kette der Stützpunkte gegen die Normannen wurde abgelöst von dem „goldenen Ring" des Deichwerks gegen die Fluten. Dieses beeindruckende Gemeinschaftswerk wird die Friesen Jahrhunderte in Anspruch nehmen. Hatten die Warfen oder Wurten nur die Häuser der Siedler geschützt, so sollten jetzt zusammenhängende Erdwälle, die Deiche, auch die wertvollen Äcker und Grünlandflächen vor der Zerstörung durch die salzige Flut bewahren. Anfangs waren die Deiche nur niedrige, steile Erdwälle, die als Ringdeiche einige Warfen miteinander verbanden. Später dann, vermutlich erst zum Ende des 13. Jahrhunderts, wuchsen die Einzeldeiche zur Geschlossenheit zusammen. In ihrem Schutz konnten die Bauern ihre Ackerfluren ausweiten und Einzelhöfe außerhalb der Warfen errichten. Damit erfüllten sie eine um 1300 im Rüstringer „Asegabuch" niedergelegte Verpflichtung. In dieser Rechtshandschrift heißt es: „Das ist auch Landrecht, dass wir Friesen eine Seeburg stiften und stärken müssen einen Goldenen Reif, der um ganz Friesland liegt". Die Stifter der „Seeburg" waren die im Hochmittelalter wohlhabend gewordenen

Auf diesem Hügel im heutigen Auricher Ortsteil Rahe trafen sich einst die freien Friesen des Mittelalters. Bis heute ist der Upstallsboom Symbol friesischer Freiheit und Einheit.

Bauern, die gemeinsam dieses gewaltige Bauwerk über Jahrhunderte hinweg schufen. Geregelt werden mussten die Pflicht zur Mitarbeit am Deich und die gerechte Kostenverteilung. Diese legten die Mitglieder der Deichgenossenschaften in Deichordnungen fest. Streng war dieses Recht. „Well neet will dieken, de mutt wieken!“ Dieser Spruch besagte, dass derjenige, der sich außerstande sah, seinen Deichteil zu unterhalten, sein Hab und Gut demjenigen zu überlassen habe, der diese Pflicht für ihn ausüben wollte. Die Deichbauer erkannten bald, dass der Entwässerung der eingedeichten Fluren ebenfalls größere Bedeutung beizumessen sei, wollte man hinter den Deichen das Entstehen wattähnlicher Böden in Regenzeiten und harter, rissiger Böden bei Trockenheit verhindern. Die „Wasserbauer“ entwickelten Siele. Diese mit selbsttätig sich öffnenden und schließenden Sieltoren versehenen Durchlässe in den Deichen ermöglichten bei Ebbe den Abfluss des Binnenwassers aus den tief gelegenen Ländereien über ein System von Gräben und Tiefs ins Meer. Neben den Deichgenossenschaften entstanden Sielgenossenschaften, die sich mit der Unterhaltung der Siele befassten.

Häuptlinge, Ritter und andere Herren

Nicht auswärtige Grafen, sondern einheimische Große bildeten Herrschaft gegenüber den „Landesgemeinden“ in Ostfriesland aus. Denn im Laufe der Zeit veränderte sich die Sozialstruktur dahingehend, dass sich in der häuslichen Oberschicht Macht und Reichtum in der Hand weniger einzelner konzentrierte und sich zu-

Zeitgenössische Darstellung einer Sturmflut

Vorburg der alten Häuptlingsburg der Manningas in Pewsum

gleich in der ländlichen Unterschicht der Kreis der Arbeits- und Brotlosen ausweitete.

Damit wurde oben wie unten ein Potential von Kräften freigesetzt, die den bisherigen bäuerlich-ländlichen Rahmen sprengten. Die Großen bauten sich eigene Burgen in Form von Steinhäusern, hielten sich ein eigenes Gefolge von Kriegsknechten, die sich aus den Besitzlosen rekrutierten, und nannten sich „Häuptlinge“. Dem gegenüber resignierten die Gemeinden schließlich und übertrugen ihnen um die Mitte des 14. Jahrhunderts die Schutz- und Gerichtsherrschaft. Häuptlingsherrlichkeiten traten nun an die Stelle von Landesgemeinden. Ihr territorialer Zuschnitt bemaß sich nach der persönlichen Reichweite: Es gab Häuptlinge, die Bauernschaften, Kirchspiele oder Länder beherrschten. Gegeneinander wie miteinander stritten sie um die Macht.

Schwebend zwischen Abhängigkeit und Ungebundenheit befanden sich die Bauern, die sich dem Schutz der Häuptlinge anvertraut hatten. Sie waren zu umfänglichen Diensten verpflichtet, sie belieferten die Burg mit Heu und Torf, mit Fleisch und Butter. Sie zahlten Abgaben. Andererseits führte die Abhängigkeit dieser „Untersassen“ nicht zur Grundhörigkeit. Die Bauern blieben „frei“, ihr Rechtsbewusstsein setzte der Häuptlingsmacht Grenzen.

Einige der Häuptlingsfamilien konnten Macht und Einfluss zu beachtlicher Intensität steigern. Die Abdenas in Emden, im Besitz der erblichen Drosten- und Propstwürde, forderten die wirtschaftliche Entwicklung Emdens. Die aus dem

Brokmerland stammende Dynastie der tom Brooks residierte in der Auricher Burg. Ocko I. genoss in Neapel eine adlige Erziehung und ließ sich von der Königin Johanna von Neapel zum Ritter schlagen. Er dehnte seinen Machtbereich über weite Teile Ostfrieslands aus. 1381 besiegte er bei Loppersum eine Koalition von Häuptlingen aus dem Emsingerland. Das Hohe Gut „der Friesischen Freiheit“ verletzte er gröblich, als er seine Herrschaft von Herzog Albrecht von Bayern, dem Grafen von Holland, zu Lehen nahm. Ocko I. wurde 1391 bei seiner Burg in Aurich auf ungeklärte Weise ermordet.

Seine Witwe, die sagenumwobene „Quade Foelke“, führte für ihren Sohn Keno die Regentschaft in Aurich, während Widzel, ein natürlicher Sohn Ockos, das Erbe des Vaters im Brokmerland verwaltete. (In der Geschichte der Häuptlingsdynastien spielte die „Quade Foelke“ eine hexenmäßige Rolle. Sie soll ihren Schwiegersohn bestimmt haben, die eigene Tochter umzubringen und ihre Burg Dornum schleifen zu lassen.) Auch er erkannte – zusammen übrigens mit dem in der Krummhörn als Gegenspieler Ockos mächtig gewordenen Häuptling Folkmar Allena – die Lehnshoheit Albrechts von Bayern an. Es charakterisiert jene blutige Zeit der ostfriesischen Geschichte, dass Widzel tom Brook wie sein Vater eines gewaltsamen Todes starb: Er wurde im Kampf mit Mormerländern und Saterländern 1399 in der Kirche zu Detern erschlagen. Keno II., Sohn Ockos und der Quade Foelke, trat seine Nachfolge an.

Die Verhältnisse in Ostfriesland wurden um die Wende zum 15. Jahrhundert maßgeblich bestimmt durch Auseinandersetzungen um die Seeräuber. Nachdem die Genossenschaft der „Vitalienbrüder“ vor allem in Rüstringen, Greetsiel und Emden günstige Schlupfwinkel gefunden und den sie schützenden Häuptlingen reiche Einnahmen verschafft hatten, öffnete Widzel dieser Seeräubergesellschaft 1396 Marienhafe, den Hauptort des Brokmerlandes, der seither mit der Erinnerung an den legendären Klaus Störtebeker verbunden blieb. Nun griffen die Hansestädte, die naturgemäß dringend an der Beseitigung des Seeraubs interessiert waren, erstmals bestimmend in die ostfriesischen Angelegenheiten ein. Sie zwangen Widzel zur Trennung von den Vitalienbrüdern, die indessen weiterhin kräftigen Rückhalt bei dem Emder Häuptling und Propst Hisko Abdena fanden. Auch Keno II. tom Brook erwies sich bald als Seeräuberfreund. Die Hanse schickte im Jahre

Störtebeker Denkmal in Marienhafe

Die Marienkirche von Marienhafe. Der „Dom" im Brokmerland

1400 eine starke Flotte in die Ems, um dem Unwesen ein Ende zu bereiten, und saß in Emden über die ostfriesischen Häuptlinge zu Gericht. Während Hisko sich rechtzeitig von den Piraten zu lösen und mit hansischer Hilfe seine Macht sogar zu vergrößern vermochte, musste Keno seine Neigung zu den Vitalienbrüdern als Geisel in Bremen büßen. Er gewann seine Freiheit durch Hilfe des Herzogs von Geldern zurück, dem er künftig Lehnstreue versprach, und hielt sich fortan in seiner auf die Eroberung Emdens zielenden Politik an die Unterstützung der Hanse. Mit Hilfe Hamburgs konnte er 1413 seine Unternehmungen durch einen erfolgreichen Überfall auf Emden krönen; Hisko wurde vertrieben. Wenn Keno sich nun „hoofdeling von Brook, Aurich, Norden, Harlingen, Östringen, Lengenerland, Overledingerland, Sagelterland und Emsingerland" nennen konnte, so bedeutet das praktisch die erste, wenn auch lockere, politische Einheit Ostfrieslands.

Wurden durch ihn die tom Brook zu Begründern, so sollten sie doch nicht Vollender der Einheit Ostfrieslands werden.

Zwischen Kenos Nachfolger, Ocko II., und seinem mächtigen Ratgeber und alten Kampfgefährten, Häuptling Focko Ukena von Leer, entwickelte sich nach und nach ein schwerer Gegensatz, der schließlich zum Krieg führte.

1426 schlug Focko zunächst bei Detern ein Ritterheer, das der Erzbischof von Bremen zur Unterstützung Ockos herangeführt hatte; im Jahre darauf wurde Ocko mit den Resten der ihm ergebenen Vitalienbrüder auf den „Wilden Äckern" bei Marienhafe vernichtend besiegt und als Gefangener auf die Burg seines Gegners in Leer gebracht.

Die Anführer der Opposition, die Ukena und ihre Parteigänger, sahen sich damit am Ziel ihrer

Wünsche, dem Rückgewinn ihrer Herrlichkeiten, nicht aber das Heer der Bauern. So verfochten nun die Cirksena gegen die Ukena Recht und Freiheit der Landesgemeinden weiter und verhalfen dem Anliegen der Bauern zum Erfolg. Den Widerstand Emdens vermochten sie jedoch nur mit Hilfe Hamburgs zu brechen. Mit der Bildung und Führung eines Bundes ostfriesischer Länder und der Geltung von Recht und Freiheit war jedoch kein Staat zu machen. Die Hamburger halfen den Cirksena aus der Klemme, indem sie von Emden aus eine Herrschaft über den Süden Ostfrieslands errichteten und dadurch das Gebäude des „Freiheitsbundes“ zum Einsturz brachten mit der Folge, dass die übrigen Landesgemeinden nun ihrerseits den Cirksena und ihren Verbündeten und Verwandten die Landesherrschaft wieder übertrugen und die übrigen Häuptlinge ihre Rechtsansprüche darauf an die Cirksena abtraten. Als die Hamburger sie schließlich auch mit der Wahrnehmung ihrer Herrschaft beauftragten und sie ihnen verpfändete, hatten die Cirksena auf Umwegen eine Landesherrschaft erreicht, die auf den unterschiedlichsten Grundlagen beruhte und keineswegs sichergestellt war. Sie bedurfte einer einheitlichen und höheren Rechtsgrundlage. Daher ließ Ulrich Cirksena 1464 sein Herrschaftsgebiet durch den Kaiser zur Reichsgrafenschaft erheben. Die alten Rechte und Freiheiten der Ostfriesen ließ der Kaiser jedoch nach wie vor gelten.
Ulrich I. hatte sich seiner neuen Würde nicht lange erfreuen können, denn schon nach zweijähriger Regierung endete sein erfolgreiches Leben. Durch den mit seinem Namen verbundenen gotischen Hochchor der Ludgerikirche in Norden, Ostfrieslands großartigstem kirchlichen Bauwerk, hat er sich ein bleibendes Denkmal gesetzt.
Für Ulrichs unmündige Söhne Uko, Enno und Edzard übernahm seine Witwe, die ungefähr 35-jährige umsichtige und zielstrebige Gräfin Theda die Regentschaft, die sie bis 1485 innehatte. Sie erwarb 1481 das Amt Friedeburg.
Nachdem Theda sich von der Regierung zurückgezogen hatte, kam zunächst ihr ältester Sohn Enno I. ans Ruder. Schon bevor er selbständig die Regierungsgeschäfte übernahm, kam er durch einen tragischen Unglücksfall bei der Belagerung der Friedeburg, auf die der dortige Drost seine jüngere Schwester entführt hatte, ums Leben.

Graf Edzard I.

Nach dem Tode Ennos übernahm sein Bruder Edzard die Regierung, dem der Geschichtsschreiber Tilemann Dothias Wiarda gegen Ende des 18. Jahrhunderts in vaterländischer Begeisterung den Beinamen „Der Große“ zulegte. Edzard hat ein kampfreiches Leben im Namen der großen Politik geführt. Seine Kriegszüge brachten dem Land Zerstörung und Leid; zugleich leistete er Mustergültiges für die Landesentwicklung. Er verlangte Opfer von seinem Volk, das ihn dennoch verehrte. Unter seiner Herrschaft erreichte die Grafschaft Ostfriesland ihre größte Ausdehnung. Sie reichte von der Weser bis Groningen. Schon zu Beginn seiner Regierungszeit war er gezwungen, sich mit dem Bischof von Münster (1492), mit Hero Omken von Esens (1496) und mit Edo Wiemken d. J. von Jever kriegerisch auseinanderzusetzen. In den Friedensjahren bis 1514 hat er sich sehr um das Wohl des Landes gekümmert und den Grund zu einer geordneten Verwaltung gelegt. Er war als „Vater des Volkes“ bei seinen Ostfriesen beliebt, die treu zu ihm hielten, als der Kaiser die Reichsacht über Edzard verhängte und 24 Fürsten mit ihren Kriegsvölkern beutegierig in das reiche Ostfriesland einmarschierten. Diese „Sächsische Fehde“ (1514 bis 1518)

Porträt des Grafen Edzard I. von Ostfriesland

hätte ihm fast die Grafschaft gekostet. Festung nach Festung fiel dem übermächtigen Feind in die Hände, bis der Tod des feindlichen Anführers, des Herzogs von Braunschweig-Wolfenbüttel, vor der Festung Leerort die Wendung brachte. Es gelang Edzard, den Krieg erfolgreich zu beenden und sich in offener Aussprache mit Kaiser Maximilian aus der Reichsacht zu lösen. Kodifizierung des ostfriesischen Landrechtes, Schaffung einer Deichordnung, Festlegung des Ältestenrechtes in der Erbfolge und Förderung der wirtschaftlichen Entwicklung der Grafschaft kennzeichnen seine weitere Friedensarbeit. Als Edzard am 16. Februar 1528 gestorben war, sagte Ubbo Emmius: „Er ward geliebt, fast mehr als billig war."

Sein Sohn Enno II. übernahm die Landesherrschaft. In seiner Person verband sich fehlende politische Weitsicht mit Unsicherheit in den kirchlich-religiösen Dingen. Bei abnehmender Toleranz gegenüber der katholischen Kirche näherte er sich lutherischen Glaubensvorstellungen.

Landesherren, Landesstände und die Landesstadt Emden

Schon um 1520 fingen einzelne Geistliche in den Städten an, Predigten im Sinne Luthers zu halten. Einige Adlige, wie z. B. Ulrich von Dornum, ließen solche Predigten auch in ihren Herrlichkeiten zu. Alsbald geriet die Bewegung unter den Einfluss des Landes, das von nun an immer stärker Ostfriesland über zwei Jahrhunderte lang beeinflussen sollte: Der Vereinigten Niederlande, namentlich ihrer nördlichen Provinzen, in denen unter spanischem Druck die Reformation nur langsam vorankam. Immer wieder trugen niederländische Flüchtlinge in Ostfriesland ihre manchmal verwirrenden Lehren vor. So stritten sich hier Anhänger Luthers, Karlstadts und Zwinglis, und so predig-

Grabmal Graf Enno II., im Chor des südlichen Seitenschiffes in der Johannes a Lasco Bibliothek

ten Melchior Hofmann und Menno Simons die Lehre der Wiedertäufer.

Die Cirksena sahen zu. Enno II. musste mit den Ansprüchen seines Bruders Johann fertig werden, der wie alle nachgeborenen Fürstensöhne der Zeit nicht einsehen wollte, dass eine Landesherrschaft nicht eine beliebig teilbare Gutsherrschaft ist. Noch zu des Vaters Lebzeiten verspielten beide die von jenem angebahnte jeversche Herrschaft. Sie hielten sich nicht an das von Edzard eingegangene Heiratsversprechen, sondern setzten den jeverschen Damen den Drosten Boing von Oldersum als Aufpasser ins Haus. Mit Recht waren diese beleidigt, und eine von ihnen, das Fräulein Maria von Jever, vertraute sich dem Drosten an, der nun den ostfriesischen Grafen den Dienst aufsagte. Maria trug die Herrschaft Jever dem Kaiser Karl V: als Herzog zu Burgund zu Lehen auf und geriet auf diese Weise in einen für die Grafen von Ostfriesland nicht überwindbaren Schutz. Nach ihrem Tod vermachte sie ihr Ländchen den Grafen von Oldenburg, womit der Versuch der Cirksena, die ostfriesische Halbinsel zu vereinigen, für immer fehlgeschlagen war.

Eine schwache Landesherrschaft mit absolutistischen Bestrebungen erregte heftigen Widerwillen bei den ökonomisch gestärkten Adligen, den Häuptlingen, Bürgern, vor allem Emdens und Bauern vornehmlich aus der Marsch. Diese Stände formierten sich nach der Mitte des 16. Jahrhunderts als „Ostfriesische Landschaft" unter Führung des Adels, der sich aus der Mitregierung verdrängt sah und mit den durch die Herrschaft bedrängten Bauern gemeinsame Sache machte. Sie wurde zur eigentlichen Repräsentation der Landeseinheit. Mit dem Konflikt zwischen Landständen und Landesherrschaft verwob sich nun auch die Kontroverse zwischen Calvinismus und Luthertum, die sich in Ostfriesland, das allen reformatorischen Strömungen freien Lauf gelassen hatte, nun verschärfte, zum Gegensatz von Freiheit (des calvinistischen Kirchenrats von Emden) und Souveränität (des lutherischen Grafen von Ostfriesland). Und bei alldem wirkte sich schließlich die große Auseinandersetzung zwischen den Niederlanden und Spanien maßgeblich aus, in der die Grafschaft als Teil des Reiches neutral war.

Die Schlüsselrolle spielte Emden. Die Indifferenz der Landesherrschaft in Glaubenssachen und die Neutralität der Reichsgrafenschaft im Freiheitskrieg der Niederlande machten Ostfriesland und besonders Emden zum Ausweichgebiet und Anziehungspunkt für bedrängte Gläubige, wie Kaufleute und Handwerker. Der Krieg und die Emigranten machten nach der Mitte des 16. Jahrhunderts Emden zur Metropole des Handels wie der Calvinismus, eine vorüber-

Fräulein Maria (Harro Magnussen)

gehende, künstliche Hochblüte in der Renaissance. Der Umweg, den der Handel von und mit Kriegsmächten über Emden nahm, machte es zum größten Reedereizentrum Nordwest-Europas um 1600. Schon 1572 waren nordwestlich der Burg das Drostensiel und mit dem für kleinere Schiffe ausgelegten Drostenhafen ein drittes Hafenbecken neben dem Rats- und dem Falderndelft angelegt worden. Emden „hatt so einen weiten und wolgelegenen Schiffport, das nach meinem erachten, in gantz Hollandt, Frießlandt, und gantz Niederlandt, deßgleichen kaum gefunden mag werden, allda die Schiff biß an der statt maur so bequemlich anlenden mögen.“ (Georg Braun, Embden1576)

Sein damals entstandenes, von der niederländischen Renaissance geprägtes Stadtbild mit dem großartigen Rathaus ist leider den Bomben

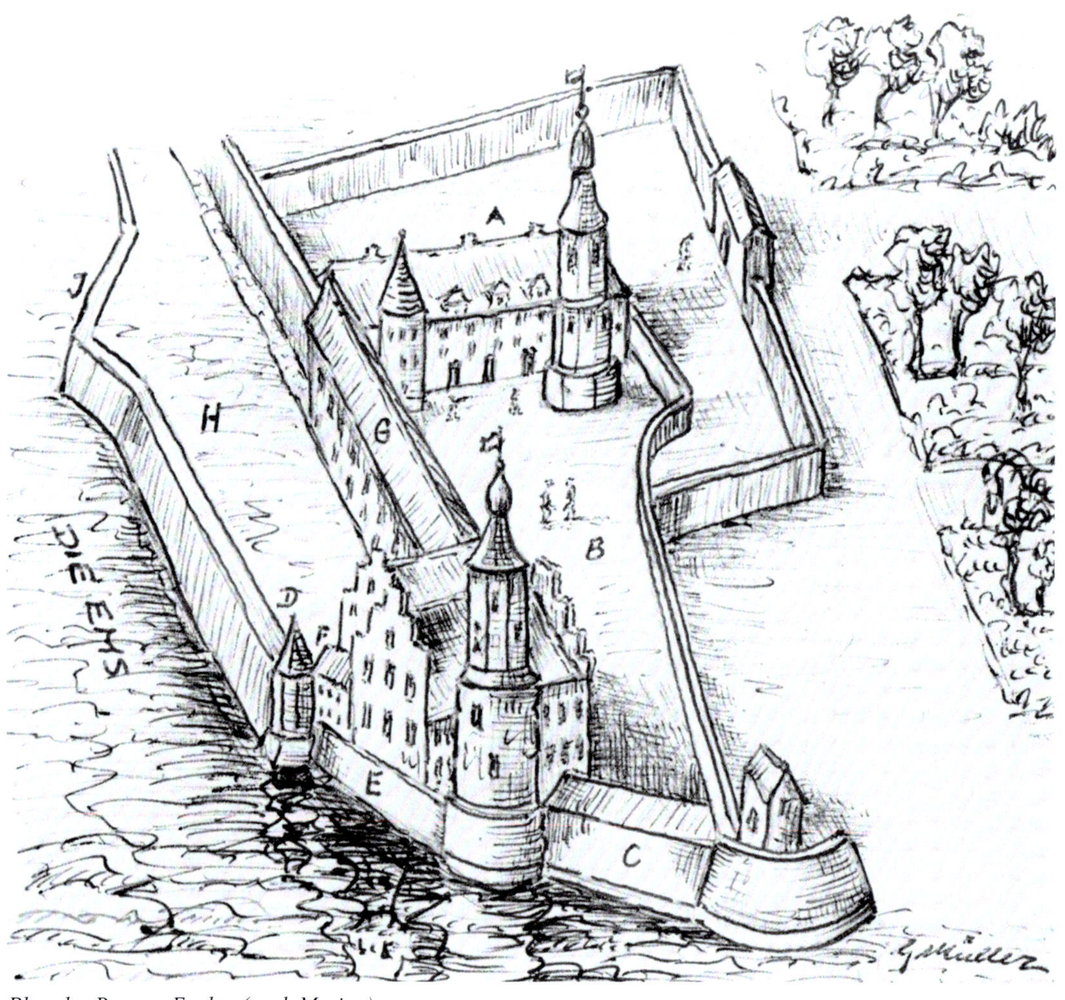

Plan der Burg zu Emden (nach Merian)

A	*Ulrichsbau (alte Burg)*	*F*	*Querbau*
B	*Schlosshof*	*G*	*Verbindungsbau*
C	*Stadtmauer*	*H*	*Burggraben*
E	*Ennos Bau (neues Schloss)*	*J*	*Deich*

des letzten Krieges zum Opfer gefallen. Seit Baubeginn des Rathauses am Delft existierte ein Kollegium von 24 aus der Bürgerschaft gewählten Deputierten, denen „zur Pflicht gemacht war, dass sie sich allen der Bürgerschaft aufzulegenden neuen Lasten widersetzen und die Privilegien und Freiheiten der Stadt aufrecht erhalten sollten." (1792, Tileman Dothias Wiarda) Die Emder beschwerten sich 1589 nicht nur auf das Heftigste bei dem lutherisch gesinnten Edzard II. darüber, dass er Einfluss auf die Wahl des Kollegiums genommen haben würde, sondern hoben zur selben Zeit das Vierziger-Kollegium aus der Taufe, das zwar von Edzard II. nicht anerkannt wurde, aber dennoch bis 1751, als Emden und Ostfriesland schon sieben Jahre preußisch verwaltet wurden, die Interessen der Bürgerschaft wahrnehmen sollte.

Jener enorme ökonomische und gesellschaftliche An- und Aufstieg verlangte nach politischem Ausdruck in Form von bürgerlicher Freiheit und städtischer Autonomie gegenüber der gräflichen Obrigkeit, die den Magistrat bestimmte und an der Wirtschaft verdiente. Und die Emder fädelten ihr besonderes Anliegen in die allgemeinen Bestrebungen der Stände ein. Den Aufstand der niederländischen Stände als Vorbild vor Augen, den Calvinismus als Antrieb im Rücken, den Kirchenrat als Instrument der Revolution und den Rat der „Vierziger" als Organ der Opposition zu Händen, kam es 1595 zum bewaffneten Umsturz in Emden. Der Graf kapitulierte, die „Vierziger" wählten den neuen Magistrat. Den Vergleich vermittelten die Generalstaaten der Niederlande. Die Stadt Emden stellte sich jetzt statt des Häuptlingsadels an die Spitze der Landstände und nahm sich der Bauern an. Eine weitere Radikalisierung und Ideologisierung verschärfte die Auseinandersetzungen. Emden machte seinen besonderen Krieg gegen den Grafen zur allgemeinen Sache der ständischen Freiheit, die im Rückgriff auf die friesische Geschichte als Recht und Freiheit der Bürger und Bauern interpretiert wurde. Der Historiker Ubbo Emmius lieferte dieses historische Argument, während der Prediger Menso Alting das religiöse und der Stadtsyndikus Johannes Althuisius das naturrechtliche Argument vertraten. Nicht allein mit der Natur des Menschen und dem Willen Gottes, sondern auch mit der Freiheit der Friesen wurde schließlich der Widerstand gerechtfertigt.

Der Zweck verteufelte den Grafen und heiligte die Mittel. Bis zum „Tyrannenmord" bereit, führte die rigorose Politik Emdens letztlich zum Selbstmord. Die Stadt scheute sich nicht, niederländische Truppen zur Hilfe zu nehmen. Der politische Vorteil, den sie ihr brachten, gereichte ihr zum ökonomischen Nachteil. Denn jetzt war es mit ihrer Neutralität vorbei, auf der ihre wirtschaftliche Existenz gründete. Den eigentlichen Nutzen trugen die Generalstaaten davon; mit der Kontrolle Ostfrieslands und Emdens vermochten sie die Gefahr eines spanischen Aufmarschgebietes zu bannen und die Interessen der holländischen Handelskonkurrenz zu wahren.

Menso Alting

Die Burg Edzards II. wurde gegen die Stadt entfestigt, und es durften dort keine gräflichen Soldaten mehr Dienste leisten. Der Grafenfamilie wurde aber zugestanden, auf dem Burgplatz ein neues Haus zu errichten, dessen Finanzierung die Stadt Emden mit 20.000 Gulden unterstützen wollte. Doch erst Graf Enno III. ließ 1613, zwei Jahre nach dem 21. Mai 1611 vereinbarten Osterhusischen Akkord, auf dem Gelände neu bauen, so dass aus der Burg ein Schloss wurde. Der Osterhusische Akkord (Übereinstimmung) garantierte den Bewohnern Ostfrieslands größere Freiheiten gegenüber dem Grafenhaus und bedeutete für die Stadt Emden eine Bestätigung ihres bereits anderthalb Jahrzehnte bestehenden Status als quasi – autonomer Stadtstaat.

Aber für Emden setzte bald der wirtschaftliche und politische Niedergang ein. Die Anstrengungen und Investitionen späterer Zeiten vermochten ihn zwar aufzufangen, aber die Stadt nur auf der Höhe eines regionalen Zentrums zu halten und nicht wieder auf das Niveau einer europäischen Metropole zu hieven.

Die Erhebung der Grafen zu Fürsten bedeutete ebenso wenig eine Steigerung an Macht, wie die Verleihung eines Wappens an die Stände mit dem Upstalsboom, dem Symbol der Friesischen Freiheit, als Bild eine Erweiterung ihrer Rechte darstellte; damit brachten beide Seiten nur ihr Selbstgefühl noch einmal zum Ausdruck.

Im Jahre 1744 starben die Cirksena aus, und das Fürstentum Ostfriesland fiel an das Königreich Preußen. Wie kam es dazu? 1734 starben

Mausoleum der Familie Cirksena in Aurich

Georg Albrecht und sein Kanzler Brenneysen. Als letzter Landesherr trat Carl Edzard Cirksena sein Amt an. Zwei Jahre zuvor hatte König Friedrich I. von Preußen, der Nachfolger des „Großen Kurfürsten“ von Brandenburg, durch Aufnahme des Herrschaftstitels „Fürst von Ostfriesland“ seine Anwartschaft auf Ostfriesland in Konkurrenz zum Kurfürsten von Hannover bekräftigt. Dieser befürchtete eine Dauerpräsenz der Hohenzollern an der Nordsee. Das ostfriesische Fürstenhaus stand den preußischen Ambitionen in strikter Ablehnung gegenüber. Emden dagegen knüpfte Verbindungen zu Preußen. Im März 1744 – in Preußen herrschte seit 1740 Friedrich II. – schloss Emden mit Preußen eine geheime „Emder Konvention“, die der Stadt im Falle der Übernahme Ostfrieslands durch Preußen eine Reihe von Rechten einräumte. All das geschah ohne Wissen des ostfriesischen Fürsten. Nur zwei Monate später, am 26. Mai 1744, starb Carl Edzard, ohne einen Nachfolger hinterlassen zu haben.

Noch an Carl Edzards Todestag verkündete der Emder Magistrat die Besitzergreifung Ostfrieslands durch Preußen. In Aurich setzten am 1. Juni von Emden herbeigeeilte preußische Soldaten ein unmissverständliches Zeichen des Herrschaftswechsels. Die niederländische Protektion war vorbei, die Selbständigkeit Ostfrieslands ging verloren, die Privilegien Emdens wurden aufgehoben, und auch die Souveränität der Ostfriesischen Landschaft verflüchtigte sich zum Schein. Aber sie vermochte sich unter den Regierungen, die folgten (von der napoleonischen abgesehen) der hannoverschen, dann wieder preußischen (auch der nationalsozialistischen) und schließlich niedersächsischen Regierung als eine Ostfriesland vertretende Körperschaft zu behaupten. Ihre politischen Rechte schwanden freilich dahin, so dass ihr nur freiwillige, kulturelle Aufgaben blieben.

Wattenmeer, Marsch, Moor und Geest

„Das Land ist weit, in Winden, eben,
sehr großen Himmeln preisgegeben.“
Rilke

Mit welchem Wort könnte man prägnanter Ostfriesland charakterisieren? Weite Ebenen, ein hoher Himmel mit oft farbenprächtigen Wolkenbildungen und ein großer Windreichtum; das sind unverkennbare Wesensmerkmale der ostfriesischen Landschaft. Die Waagerechte ist beherrschend. Alle Formlinien fließen unmerklich ineinander über. Unbegrenzt erscheinen dem Auge die Weiten der Marschen und Moore. Beim ersten Anblick könnte ein oberflächlicher Betrachter versucht sein, zu glauben, das Land sei einförmig und reizlos. Doch dem ist nicht so! Wer Einblick nimmt in das Werden und den Wandel der ostfriesischen Landschaft, der wird spüren, dass sie viel reichhaltiger und reizvoller ist, dass ihre Probleme verwickelter sind, als es beim ersten Eindruck erscheinen mag. Die meisten Landfremden kennen nur die Ostfriesischen Inseln, die viel besucht und teilweise weltberühmt sind. Doch Ostfriesland hat viele Gesichter.

Die einzelnen Landschaften

Die Marsch

Die Seemarsch bildet den Rand der ostfriesischen Halbinsel. Als Meeresbildung (Marsch – Meerisches) wird sie durch eine weite Ebenheit gekennzeichnet. An der Küste und am Emsufer ist sie gewöhnlich sandiger und höher als weiter landeinwärts im so genannten „Sietland“. Stellenweise liegt das Sietland tiefer als der Meeresspiegel. Es wird wegen seiner niedrigen Lage und seines grundwassernahen Bodens vornehmlich als Grünland genutzt. Leichtere Böden mit höherer Sandbeimischung sind bevorzugtes Ackerland.

Die heutigen Marschen glichen ehedem mehr einem Watt, das ständig von der Flut überströmt war und nur zur Ebbe trocken lag. Bei dem römischen Schriftsteller und Geographen Plinius dem Älteren, der im Jahre 47 n. Chr. als Reiteroffizier und Kriegsberichterstatter am Feldzug des Corbules gegen die Chauken teilnahm, lesen wir: „Gesehen haben wir im Norden die Völkerschaften der Chauken. Es schwillt, zweimal hier in einer Tages- und Nachtlänge unermesslich sich ergießend der Ozean und sinkt nieder. Zweifeln möchte man, ob es Land sei oder Meer, was man sieht. Da wohnt das armselige Volk auf hohen Erdhügeln, die es sich nach den Erfahrungen der höchsten Flut gebaut hat. Zur Flutzeit gleichen sie Seefahrern, Schiffbrüchigen bei Ebbe. Auf die Fische, die mit dem Ebbstrom entfliehen wollen, machen sie Jagd. Vieh zu halten und von Milch zu leben wie ihre Nachbarn, ist ihnen nicht vergönnt, ja nicht ein-

Romanische Backsteinkirche aus dem 13. Jahrhundert auf einer Warft, Westerholt

mal auf Wild zu jagen, denn rings ist kein Baum und kein Strauch. Aus Reit und Binsen flechten sie Stricke für ihre Netze. Mit den Händen wühlen sie Schlamm aus, den sie mehr im Wind als an der Sonne trocknen." Gemeint ist Torf, der den Friesen auf den Wurten bereits zu damaliger Zeit als Brennmaterial diente. „Damit kochen sie ihr Essen, damit wärmen sie den Leib, wenn die Glieder vor Frost starren. Ihr einziges Getränk ist Regenwasser, welches sie im Graben vor ihren Häusern auffangen."

Die waldlose Marschlandschaft ist keineswegs gleichförmig und langweilig. Siedlungs- und Flurformen überraschen durch ihre Mannigfaltigkeit. Da sind die Warfen, auf denen oft ganze Dörfer liegen, da ziehen sich an alten Sommerdeichen lange Marschenhufendörfer entlang. Verstreut im weiten Land liegen Baum umstandene Gulfhöfe, und hinter dem hohen Seedeich ducken sich die Häuser malerischer Sieldörfer. Fast endlos erscheinen die Landstraßen mit ihren sturmgebeugten Bäumen. Zahllose schilfige Gräben und Tiefs zerschneiden die Flur. Sie entwässern das niedrige Land, das der „Goldene Ring", wie der Friese den Seedeich nennt, behütet.

Sommerdeich in Leybuchtpolder

Wallhecken bei Leerhafe

Die Geest

Im Innern der ostfriesischen Halbinsel liegt die Geestlandschaft. Sie ist erdgeschichtlich ein eiszeitliches, flachwelliges Moränengebiet, das in Südostfriesland aus Stauchmoränen besteht. Sie entstanden, als im Zuge kleinere Klimaschwankungen während der letzten Eiszeit der Rand des Eises immer wieder vor- und zurückrückte und daher das abgelagerte Material zu Wällen stauchte. Die übrige ostfriesische Geest besteht aus Grundmoränen, deren Material sich während der Ruhezeit des Eises unter dem Gletscher absetzte. Im Laufe der Jahrtausende wurden übereinander Kiesschichten, Lehmböden, Deckgeröll und wenig fruchtbare Sande abgelagert. Das Wort Geest kommt von „güst“ (unfruchtbar). In dem 20–50 m mächtigen Schutthaufen der Eiszeit befinden sich riesige Steinbrocken, vorwiegend aus Granit. Sie wurden aus Südschweden vom Eis, das in Ostfriesland noch eine Dicke von etwa 4 m hatte, hierher transportiert und sind dabei zu rundlichen

Hünengrab Stapelstein bei Etzel

Ev. Kirche St. Marcus, romanische Saalkirche mit Granitquaderwerk in Marx

Blöcken abgeschliffen worden. Diese Findlinge verwandten die Menschen in der Frühgeschichte zum Bau ihrer gewaltigen Hügelgräber, von denen in Ostfriesland nur noch wenige Überreste (z. B. bei Tannenhausen) vorhanden sind. Im 13. Jahrhundert wurden die Kirchen im östlichen Friesland aus diesen Findlingen erbaut, wobei man auch die bereits bearbeiteten Steine der Gräber mit benutzte (z. B. in Marx).

Die Geest, die das Kerngebiet Ostfrieslands bildet, wird durch kleine Flüsse und Bäche, Platten und flache Niederungen gegliedert. Landschaftsprägend sind die Wallhecken, baum- und strauchbestandene Böschungen, die im 18. und 19. Jahrhundert durch die Aufteilung der Allmenden (ehemals Allgemeingut) entstanden. Sie dienten zur Abgrenzung von Acker- und Weideland und teilten das Land in schachbrettartige Muster auf. Da in den letzten Jahrzehnten viele Wallhecken den Anforderungen rationeller Landwirtschaftsmethoden zum Opfer fielen, sind die heute noch vorhandenen Wälle unter Naturschutz gestellt.

Auf der Geest wachsen vor allem Eichen, Birken und Buchen. Allerdings sind geschlossene Waldflächen nur äußerst selten anzutreffen. Meist sind die Laubwälder durch die Forstwirtschaft in Nadelgehölze umgewandelt worden. Dafür dominiert in der Geestlandschaft der bunte Wechsel von Grünland und Ackerland. Trotz der von der Flugsandschicht gebildeten Bodenwellen erreicht auch die Geest höchstens eine Höhe von 18 m u. d. M.

In Zetel und Neuenburg trifft man überraschenderweise auf einen Urwald; östlich von Neuenburg erstreckt sich ein Gehölz mit einer Gesamtfläche von 660 ha, in dem ein wunderschönes, unberührtes Waldgelände von etwa 28 ha liegt. Da der Mensch hier bisher nur wenig in die Natur eingegriffen hat und der Wald schon seit dem 17. Jahrhundert nicht mehr forstwirtschaftlich genutzt wird, ist so ein völlig der Natur überlassenes Stück Wald entstanden – mit 600-jährigen Eichen und 400-jährigen Buchen.

Im Neuenburger Urwald

Winter am Ewigen Meer

Das Moor

Dem Ersten der Tod, dem Zweiten die Not, dem Dritten das Brot, - so wird die Entwicklung der Moorkultivierung von den Kolonisten beschrieben. Ja, Mensch und Moor waren keine Freunde. Und dennoch ging der Mensch hinaus in die Einöden, um dort sesshaft zu werden, nicht um sich einer paradiesischen Landschaft zu erfreuen, sondern aus Not, weil die Geest- und Marschböden im 18. Jahrhundert ja längst besetzt waren. Wer von nun an überzählig war, der musste sich als abhängiger Heuermann durchs Leben schlagen. Ging er ins Moor, so konnte dies ein Weg zu wirtschaftlicher Selbständigkeit werden. Die Regierungen förderten die Moorkolonisation, war es doch so möglich, den wachsenden Bevölkerungsüberschuss im eigenen Lande zu binden. Dass der Staat ein starkes Interesse an der Kultivierung der Ödländereien und Moore hatte, zeigt das vom Friedrich dem Großen erlassene Urbarmachungsedikt von 1765. Mit diesem Edikt wurden alle Ödländereien und Moore zu Staatseigentum erklärt. Damit hatte der Staat die Möglichkeit, die Kultivierung der Moore systematisch voranzutreiben. In Ostfriesland blieb den Bauern, die bis dahin Eigentümer der Ödländereien und Moore waren, lediglich ein zwei bzw. vier Hektar großes Stück Moor als Eigenbesitz, auf dem weiterhin Buchweizen ohne Genehmigung angebaut werden durfte. Die in diesen zwei bis vier Hektar lagernden Brennstoffreserven sollten den Eigentümern für mehr als 300 Jahre die Brennstoffversorgung sicherstellen.

Edict

wegen

Urbarmachung

der

in Unserm Fürstenthum Ostfriesland

und dem

Harlinger-Lande

befindlichen

Wüsteneyen,

wobey zugleich die

PRINCIPIA REGULATIVA

festgesetzet werden,

nach welchen

bey Ausweisung der wüsten Feldern

und

bey Entscheidung der darüber entstehenden

Streitigkeiten

zu verfahren.

De Dato Berlin den 22. Julii 1765.

Aurich gedruckt bey Herman Tapper, Königl. Preuss. Ostfriesischen privilegirten Buchdrucker.

Urbarmachungsedikt Friedrichs des Großen, auf Grund dessen die Ödländereien als Staatseigentum erklärt wurden.

Bereits 1789 erschien in Aurich von Johann Conrad Freese ein Fachbuch mit dem Titel „Über die Vehne oder Torfgräbereien“ mit einer Karte der Moore und einer Darstellung von Werkzeugen für die Torfgewinnung und einer Anleitung zur richtigen Arbeitsweise.

Zur Entwässerung der großen Moorkomplexe wurden u.a. der Küstenkanal und der Ems-Jade-Kanal gebaut. Mit Unterstützung der in der Preußischen Moorversuchsstation in Bremen gewonnenen Erkenntnisse wurde von der zentralen Moorkommission 1890 beschlossen, eine erste landwirtschaftliche Hochmoorsiedlung in Ostfriesland, die Kolonie Marcards-Moor, anzusiedeln. Die Kolonate waren für damalige Verhältnisse schon relativ groß ausgelegt. Sie hatten eine Gesamtfläche von 10 ha. Bei Antritt der Siedlerstelle fanden die Kolonisten eine zwei Hektar große mit Roggen bestellte Fläche vor. Jedes Jahr sollten dann weitere zwei Hektar bestellt werden, so dass das ganze Kolonat in fünf Jahren nach Antritt der Pachtung in Kultur genommen sein würde. Die Pachtverträge, die man mit den Kolonisten abschloss, hatten eine Laufzeit von zehn Jahren. Der Staat verlangte von den Kolonisten ein Barvermögen zwischen 300 und 400 Mark, das zu Gunsten der Generalkommission verpfändet und hinterlegt werden musste. Waren die Siedler für den Staat bei der Kultivierung tätig, so bekamen sie z. B. je cbm Grabenaushub neun Pfennig.

Die landwirtschaftliche Erschließung der Hochmoore ging sehr langsam voran und führte immer wieder zu erheblichen Rückschlägen, da die schlecht entwässerten Hochmoorböden, wenn man sie nach dem Verfahren der Moorbrandkultur nutzte, keine gesicherten Erträge lieferten. Hunger, Krankheit und große Not haben viele Siedler ertragen, oder aber sie sind ausgewandert und haben die Kolonie im Stich gelassen. Die Fehnsiedlungen, deren Bewohner die Möglichkeit hatten, den gewonnenen Brenntorf in den Städten zu verkaufen, hatten eine positivere Entwicklung genommen als die reinen landwirtschaftlichen Hochmoorsiedlungen. Etwa ab 1850 wurde in verstärktem Maße die Industrie animiert, Torf abzubauen. Dabei

Sankt Georgiwold, Moorkirche am Sieltief

Weites Moor

sollte der Torf das knapp gewordene Holz als Brennstoff ersetzen. Um aber ausreichende Mengen produzieren zu können, die Trocknung ist sehr witterungsabhängig, mussten maschinelle Abbauverfahren entwickelt werden. Gleichzeitig suchte man große Torfverwerter wie z. B. Klinkerwerke, Glas- und Eisenhütten und die Eisenbahn. So blieb es nicht aus, dass man sich in der damaligen Zeit auch mit der Errichtung von Torfkraftwerken befasste. So wurde z. B. 1909 zwischen dem Preußischen Staat und den Siemens elektrischen Betrieben ein Vertrag über die Errichtung eines Torfkraftwerkes im großen Wiesmoor geschlossen. Dabei sollten die Maschinen von Siemens geliefert, die Gebäude vom Domänenfiskus erstellt werden.

Die elektrischen Betriebe von Siemens erhielten eine 75-jährige Konzession für den Betrieb einer Überlandzentrale Wiesmoor. Der im großen Wiesmoor lagernde Torf sollte im Kraftwerk mit Hilfe von Dampfturbinen in elektrische Energie umgewandelt werden, und dieser Strom die Elektrifizierung Ostfrieslands vorantreiben. Bei der Auswahl des Standortes Wiesmoor für das Torfkraftwerk ging man davon aus, dass dem Kraftwerk etwa 10.000 ha Moorfläche zur Brenntorfgewinnung zur Verfügung standen. Bei einer maximalen Stromerzeugung von 24 Mio. kW/h pro Jahr (ca. 20 Windmühlen) sollte diese Rohstoffreserve für ca. 700 Jahre ausreichen. In der ersten Phase des Kraftwerk-Ausbaues belief sich die Stromerzeugung auf acht Mio. kW/h pro Jahr. Das Kraftwerk wurde bereits 1964 stillgelegt. Der Grund war der fehlende Rohstoff Torf und die mangelnde Rentabilität im Vergleich mit dem billigeren Öl und Gas. Die ursprünglich für das Kraftwerk vorgesehenen 10.000 ha des Wiesmoores konnten nicht zur Brennstoffgewinnung herangezogen werden, lediglich ca. 1.000 ha wurden durch das Kraftwerk abgebaut. Der größte Teil, nämlich 7.000 ha des Wiesmoores wurde an Privatleute verkauft und als landwirtschaftliche Nutzfläche erschlossen. Bereits 1925 gründeten die Nord-West-deutschen Kraftwerke (NWK) eine Gärtnerei, die in den mit der Abwärme des Kraftwerkes beheizten Gewächshäusern Gurken, Tomaten, Erdbeeren und andere Früchte unter Glas anbaute.

Als die vom Staat in diese Moorgebiete entsandten Beamten diese riesigen Moorflächen

Abend am Moorsee

sahen und welche Empfindungen sie dabei hatten, mögen die folgenden Zeilen belegen.

„Hier blüht kein Strauch, hier sprießt und grünt
kein Baum.
Kein Vogel singt, nicht mal ein simpler Spatz
ist aufzutreiben am verwunschenen Platz.
Kein trautes Heim entzückt die Menschen dort;
denn wacklig steht auf Moor der ganze Ort.
Kein Lied erschallt, kein lustig Scherzwort fällt.
Nicht Poesie einmal die Herzen schwellt.
Sogar beim Skat ist jedes Spiel verloren,
ein Grand mit Vieren ist schon tot geboren.
Viel besser ist's, den Bauch sich aufzuschlitzen
als längere Zeit in Wiesmoor rumzusitzen."

Gereimt von einem betroffenen Beamten. Wer heute durch Wiesmoor fährt, wird diese Zeilen nicht mehr verstehen.

Während des 2. Weltkrieges und auch nach dem 2. Weltkrieg bis Anfang der 60er-Jahre spielte der Brenntorf als Energieträger für die Haushalte und Industriebetriebe im nordwestlichen Niedersachsen eine große Rolle. Als jedoch das Heizöl zu Preisen von unter 10 Pfennig/Kilogramm angeboten wurde, war auch der Brenntorf nicht mehr konkurrenzfähig.

In Ostfriesland gab es ursprünglich zwei Arten von Moorkolonisation. Bei der so genannten Brandkultur wurde die obere Torfschicht abgebrannt. In die Asche säte man Buchweizen, der schnell eine gute Ernte brachte, dann jedoch die Erde auslaugte, so dass der Boden nach etwa fünf Jahren kaum noch Erträge brachte. Neues Land musste urbar gemacht werden, und zur Zeit des Moorbrennens im Mai war Ostfriesland von rauchigem Dunst überzogen, durch den die Sonne kaum hindurch dringen konnte. Die andere Methode, das Moor zu besiedeln, war wesentlich erfolgreicher. Die sog. Fehnkolonisation

Das Moorbrennen für den Buchweizenanbau

Torfstechen um 1805 nach einem Stich von Gerlach

kam aus der Provinz Holland nach Ostfriesland. Dort wurde diese Methode seit dem Ende des 14. Jahrhunderts angewandt. Das Hochmoor wurde zuerst durch Kanäle erschlossen, von denen aus ein Netz von Seitenkanälen (Wieken) gegraben wurde. Diese Wasserwege dienten zur Entwässerung der Moore sowie zum Transport für den abgestochenen Torf, der mit Torfkähnen an die Küste transportiert und dort verkauft wurde. Auf dem Rückweg brachten die Fehntjer fruchtbaren Marschenschlick mit, den sie zur Düngung auf die abgetorften Flächen aufbrachten. Die erste ostfriesische Fehnkolonie war Großefehn. Sie wurde 1633 von vier Emder Bürgern gegründet.

Der Marschendichter Hermann Allmers (1821–1902) beschrieb in seinen Land- und Volksbildern aus den Marschen eine solche ostfriesische Fehnkolonie wie folgt:

„Die Kanäle sind die Lebensadern der Moorgegenden; durch sie allein werden die früher grauenhaftesten Einöden zu blühenden Kolonien umgeschaffen. Vor allem ist hier der großartigen Kanalanlagen Ostfrieslands zu gedenken, die unter dem Namen Fehne bekannt sind.

Nordgeorgsfehnkanal

Torfkahn Anna Sophi, Wiesmoor

Das Wort stammt aus dem Altdeutschen, wo Feen oder Fenne soviel als Morast bedeutet. Fehne aber nennt man jene breiten, schiffbaren Kanäle, die sich unmittelbar vom Meere oder von der Ems tief in die Moore hinein erstrecken und zu beiden Seiten mit Häusern, Gärten, Äckern und Stapelplätzen versehen sind. Die Kolonisten nämlich, nachdem sie einige Schichten Torf abgegraben, haben hier den unteren Boden wieder zum fruchtbarsten Acker- und Wiesenlande geschaffen, indem sie mit ihren Schiffen, auf denen sie den Torf fuhren, als Rückfracht teils tierischen Dünger aus dem Überfluss der Marschen, namentlich aber den an organischen Stoffen so reichen Wattenschlick herbeibrachten, um damit den Boden wieder zu erhöhen und nutzbar zu machen. Kaum gibt es etwas Überraschenderes als den Anblick eines solchen Fehns. Stundenlang wandert man in der einsamen, schweigenden Wüste, nichts erblickt das Auge als Moor und Heide, kein menschlicher Laut dringt ans Ohr, da nahet man dem Fehn, und auf einmal ist die ganze Szene eine andere, und das regste Leben und Treiben tritt an die Stelle der Einöde. Der breite Kanal dehnt sich unabsehbar dahin, eine Unzahl von Booten, Kähnen, kleinen Seeschiffen, ein buntes Segel- und Flaggengeflatter belebt ihn; an seinen Ufern, kaum zwanzig bis dreißig Schritte voneinander, erheben sich Haus an Haus mit freundlichen roten Ziegeldächern von reinlichstem Ansehen, dahinter Blumen- und Kräutergärtchen, aus denen mancher Fruchtbaum emporsteigt; weiterhin wogen goldene Saaten, leuchtende Raps- und duftende Buchweizenfelder, und dazwischen weidet schweres Marschvieh im üppigen Klee; dort wieder Stapelplätze mit ungeheuren Torfbergen, drüben vielleicht Schiffswerften mit lautem Hammergepoch, weiterhin lustig drehende Windmühlen, und wohin man blickt, Handel und Wandel, Arbeit, Wohlstand und Fröhlichkeit, dass einem das Herz mit fröhlich wird, denn hier arbeiten nicht Hunderte von Knechten für einen einzigen, sondern jeder hat sein eigenes Haus, Ackerland und Torfgrund, wenn auch nicht in großer Ausdehnung, doch hinreichend, um Armut und Sorge fernzuhalten und ein behagliches Familiendasein gründen zu können.“

Klappbrücke am Abelitz-Moordorf-Kanal

Sturmflut bei Norddeich

Die Küsten und von Ebbe und Flut

Nicht immer verliefen die Küsten so, wie sie sich uns heute darstellen. Wo heute Hochseekutter ihre Netze durch die klaren Fluten ziehen, erstreckte sich vor rund 15 Millionen Jahren eine weite, mit dichtem Urwald bestandene Ebene. Das heute geförderte Erdöl in der Nordsee beweist dies. Der Rhein mündete in etwa auf der Höhe Schottlands in das Meer, und Elbe und Themse waren seine Nebenflüsse. Noch während der letzten Eiszeiten lag der Meeresspiegel viel tiefer als heute, doch schmolzen schon während der Zwischeneiszeiten ungeheure Eismassen. Die Gletscher wichen zurück, das Meer stieg um rund 100 m an und überflutete die tiefer liegenden Gebiete. Die Nordsee drang in den heutigen Küstenraum vor. Dabei hat sie die Landschaften am Rande der Deutschen Bucht innerhalb weniger Jahrtausende völlig neu gestaltet. Aber auch in der Gegenwart verändert sich ständig die Küstenlinie. Täglich sind Kräfte am Werk, die an der Küste nagen, aber auch an anderen Stellen Land neu entstehen lassen. Die ungeheure Gewalt, mit der Sturmfluten und Brandung auf die Nordseeküste einwirken, lässt sich an den 50 m hohen Sandsteinfelsen Helgolands ablesen. Vor den Kliffs liegen noch 200–300 m breite Abrasionsplatten, auf denen die Brandung das Gestein bereits eingeebnet hat (Abrasion = Abtragung der Küsten durch die Brandung). Insgesamt gesehen spielen die Sturmfluten bei der Küstengestaltung eine wohl spektakuläre, aber doch geringere Rolle als die Tag für Tag und Stunde für Stunde wirksamen Meeresströmungen und Brandungswellen. Die Meeresströmungen in der Nordsee gehen vor allem auf die Gezeiten des Meeres, die Tiden, zurück. Aber auch jede einzelne Brandungswelle formt die Küste. Die Wellen laufen, beeinflusst von Strömung und Wind, schräg auf den Strand auf, aber senkrecht dem natürlichen Gefälle folgend wieder ab. Die vom Brandungsschwall aufgewirbelten Segmente werden vom Brandungssog mitgenommen und an anderer Stelle abgelagert. Von der nächsten Welle erneut aufgenommen können sie wieder ein kleines Stück verlagert werden. Mit dieser Zickzackbewegung kann eine Materialverlagerung über längere Zeiträume in beträchtlichem Ausmaß erfolgen. Die Gezeiten spielen also als Küsten gestaltendes Element und für das Leben im Grenzbereich zwischen Land und Meer eine wichtige Rolle. Zweimal täglich zieht sich das Meer zurück und legt den Meeresboden frei. Diese in ihrer Art ursprüngliche amphibische Landschaft wird Wattenmeer genannt und ist eine der letzten großen Naturlandschaften Westeuropas. Dieses Wattenmeer erstreckt sich ungefähr 450 km lang in wechselnder Breite zwischen 5–20 km vom holländischen Den Helder bis zum dänischen Esbjerg, Gesamtfläche rund 565.000 ha. Fast zwei Drittel dieser Landschaft gehören zu unseren Küsten.

Das Abfließen des Meeres nennt man Ebbe, das nachfolgende wieder Ansteigen Flut. Den höchsten Stand der Flut bezeichnet man als Tidenhochwasser, den niedrigsten der Ebbe als Tidenniedrigwasser, den Höhenunterschied zwischen Hoch- und Niedrigwasser als Tidenhub. Er beträgt an der Nordseeküste 2–3 m, an manchen Stellen fast 4 m.

Wind und Stürme können allerdings erheblich höhere Flutwellen verursachen. Dies ist nicht verwunderlich, wenn man bedenkt, dass der Wind bei Stärke 12 (Orkan) eine Geschwindigkeit von 133 km/h erreichen kann und einen Staudruck von über 85 kg/qm erzeugt.

Ebbe und Flut entstehen durch die Massenanziehungs- und Fliehkräfte der umeinander kreisenden Systeme Erde – Mond und Erde – Sonne. Stehen Erde, Mond und Sonne in einer

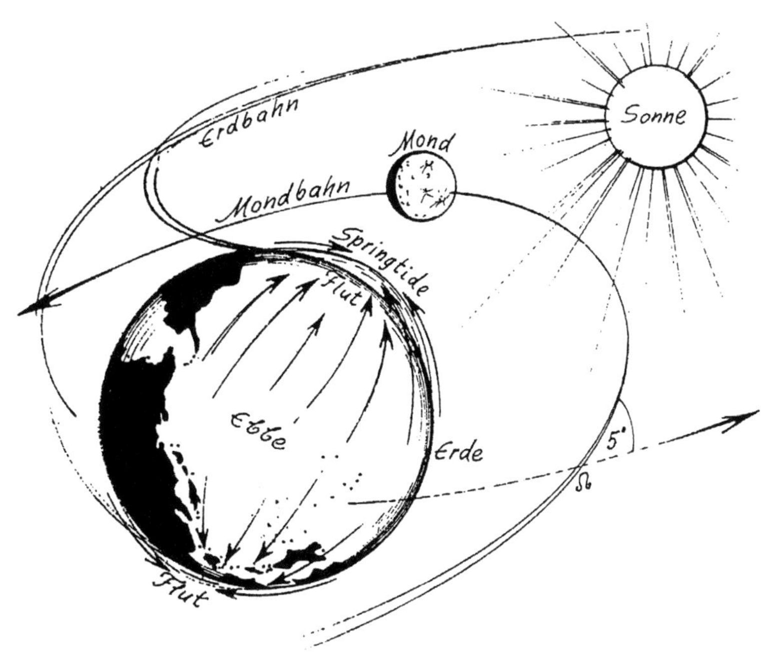

Begriffsbestimmungen

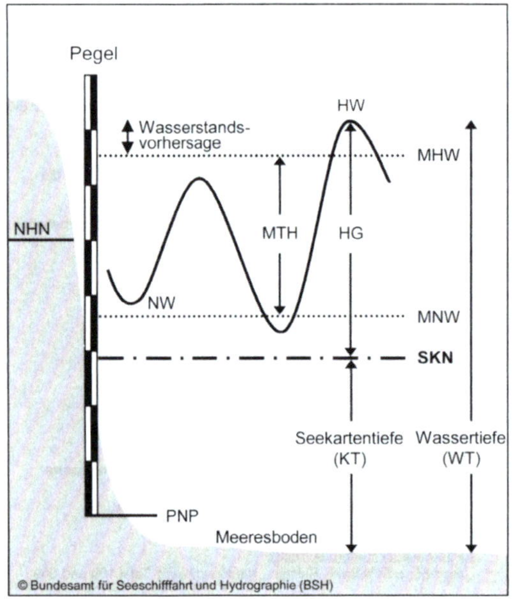

Linie, was bei Voll- und Neumond der Fall ist, so addieren sich ihre Anziehungs- und Fliehkräfte: Der Tidenhub ist dann besonders groß; man spricht von Springtiden. Bei zu- und abnehmendem Halbmond stehen Mond und Sonne in einem rechten Winkel zur Erde; die von ihnen ausgeübten Kräfte schwächen sich gegenseitig ab, der Tidenhub fällt viel geringer aus; man spricht von einer Nipptide. Im Laufe eines Monats nimmt der Tidenhub jeweils zweimal ab und zu, gipfelnd in zwei Springtiden und zwei Nipptiden; der Pegelunterschied beträgt hier in etwa 1 m.

Es gibt also ständig zwei Flutberge auf der Erde, eine auf der dem Mond zugewandten Seite, hervorgerufen durch die Massenanziehungskräfte, und einen auf der entgegengesetzten Seite, entstehend durch die Fliehkraft der Erde. Ein richtiger Küstenbewohner hat diesen Rhythmus der Gezeiten natürlich im Blut. Wenn man einen Krabbenfischer in Horumersiel (einem tidenabhängigen Sielhafen) fragt, wann er nächste Woche am Mittwoch ausläuft, um ihn auf einer Fangreise zu begleiten, überlegt er nur kurz und sagt: „Komm man um 5.30 Uhr, da haben wir genug Wasser".; und er weiß auch genau, wann die auflaufende Flut ihn wieder in den Hafen lässt. Wenn er aber nun einmal nach Ostfriesland in die Werft muss, dann holt er doch ein kleines schlaues Buch aus der Tasche, den Tidenkalender.

Nun noch einige Erläuterungen zu den vielen Abkürzungen im Tidenkalender.

Der Tidenkalender, ein kleines weißes Büchlein, jährlich herausgegeben vom Amt für Seeschifffahrt und Hydrographie, früher Deutsches Hydrographisches Institut, enthält die Hoch- und Niedrigwasserzeiten für die gesamte Deutsche Bucht und deren Flussgebiete, sowie den Mittleren Tidenhub (MTH) und das Mittlere Hochwasser (MHW) gegen Normal Null (NHN) und Kartennull (SKN), ferner die Auf- und Untergangszeiten von Sonne und Mond für Cuxhaven. Auszüge, jeweils für einen Ort, meistens nur für die Sommermonate, findet der Urlauber als Aushang am Hafen, Strand oder in der Kurverwaltung, damit er weiß, wann er zum Baden oder Wattwandern gehen kann.

Abend im Wattenmeer

Das Wattenmeer

Zwischen dem Festland mit Geest, Moor und Marsch und der Kette der ostfriesischen Inseln erstreckt sich in einer Breite von 5 bis 7 km das Wattenmeer, eine ökologisch einzigartige Landschaft, geprägt von dem zweimal täglich stattfindenden Wechsel von Ebbe und Flut.

Geologisch gesehen ist das Wattenmeer eine junge Erscheinung. Während der letzten Eiszeit vor etwa 450.000 Jahren reichte das Eis, von Skandinavien kommend, bis in die mittlere Nordsee, wo es sich mit dem Gletscher, der sich von Schottland aus nach Südosten vorschob, vereinte. Als vor etwa 100.000 Jahren die Eiszeit zu Ende ging, zog sich das Eis allmählich aus dem Nordseeraum zurück und hinterließ im Gebiet der heutigen Doggerbank eine Tundrenlandschaft, in der, nach den Knochenfunden zu schließen, Mammut, Nashorn, Wisent, Pferd und andere heute noch im Nordseeraum heimischen Tiere wie Biber und Rentier ihren Lebensraum hatten. Als der Meeresspiegel durch die weitere Abschmelzung der Inlandeismassen weiter anstieg, bedeckte das Wasser schließlich weite Gebiete dieser Landschaft, zu der auch ausgedehnte Moore gehörten. Auf dem untergegangenen Land lagerten sich Sande ab, die der Seegang landeinwärts transportierte. Aus diesen Sanden entstanden, begünstigt durch den Tidenhub, vor der Küste Strandwälle, die durch Dünenbildung zu Inseln wurden. Auf der Rückseite dieser Barriereinseln konnten die durch die Gezeitenströme an die Küste gebrachten und abgelagerten Sedimente zur Ruhe kommen. Durch diese Sedimentation entstand hier

Krabbenkutter im Dangaster Watt

das so genannte Rückseitenwatt. In den Flussmündungen, vor allem dem Dollart und dem Jadebusen, bildeten sich in den nicht mehr voll durchspülten Buchten im Brackwasserbereich die Buchtenwatten. Der Boden des Watts setzt sich in erster Linie aus Sand, Ton, Kalk und organischen Substanzen zusammen. Je nach der vorherrschenden Bodenbeschaffenheit spricht man von Schlickwatt oder Sandwatt, Seine gräulich-braune bis schwarze Färbung erhält das Watt durch den hohen Anteil an Eisen, Mangan und Magnesium. Der organische Bestandteil der Wattböden besteht aus Plankton. Das Watt wird bei Ebbe von kleinen Flussläufen durchzogen, den so genannten „Prielen". In diesen Prielen, die zu den größeren Wasseradern, den „Balgen", führen, herrscht oft eine starke Strömung.

Die Tier- und Pflanzenwelt in diesem Lebensraum ist einmalig. Unter den extremen Bedingungen dieser amphibischen Landschaft können nur Experten der Anpassung überleben. Dort, wo das Schlickwatt beginnt, gleich hinter den Salzwiesen, siedelt sich das Zwergseegras an, zusammen mit anderen Seegrasarten, die zur Verlandung des Watts beitragen. Genau das tut auch der Queller, der in Gebieten wächst, die sich etwa 10 cm über und unter der mittleren Hochwasserlinie befinden (Quellerzone). Weiter ins Meer hinaus, im Sandwatt, kann keine Pflanze mehr gedeihen, die Wurzeln schlägt. Hier gibt es nur noch die Grünalgen, die, wenn sie sich explosionsartig vermehren, das „Wattblühen" verursachen.

Die Tierwelt des Watts ist mindestens so anpassungsfähig wie die Pflanzenwelt. Manche Tiere

Wattwurm

Wattwurm, Kothäufchen

haben die Fähigkeit entwickelt, sich im Schlick einzugraben, wenn der Wattboden trocken fällt. Zu ihnen gehören einige Krebs-, Schnecken- und Muschelarten. Andere leben dauernd im Boden. Dazu zählen auch Muscheln und Krebstiere und der Sand- oder Pierwurm. Ihn selbst bekommt man nur zu Gesicht, wenn ihn der Wattführer mit einer Schaufel aus dem Schlick gräbt. Überall jedoch sieht man auf dem Sandwatt seine „Hinterlassenschaften“, kleine gekringelte Häufchen. Der Sandwurm oder Wattwurm aus der Familie der Ringelwürmer lebt in einer U-förmigen Röhre. Er nimmt den nährstoffreichen Boden auf. Über der Fraßstelle entstehen so die charakteristischen Einsturztrichter. Alles, was für ihn unverdaulich ist, setzt er am anderen Ende der Röhre wieder ab. Durch die Vielzahl von Schnecken, Krebsen, Muscheln und Würmern im Watt werden große Schwärme von Vögeln angelockt, die hier einen reich gedeckten Tisch finden. Da ist die Ringelgans, die ihre Nahrung in den Seegraswiesen sucht. Die Brandente zieht als Nahrung die Tiere des Watts vor. Auch Austernfischer, Säbelschnäbler und Rotschenkel finden hier ihre Beute. Viele Vogelarten rasten im Wattenmeer auf ihrem Zug in südliche Gefilde und wenn sie im Frühjahr zu ihren Brutplätzen im nordöstlichen Europa zurückkehren.

Ein so hoch spezialisierter Lebensraum wie das Wattenmeer, das neben der Alpenlandschaft die letzte großräumige Naturlandschaft Europas

Alpenstrandläufer

Brandgans

Im Schlickwatt vor Neßmersiel

darstellt, ist extrem störungsanfällig. Man mag sich nicht vorstellen, was passiert, wenn einer der riesigen Tanker, die jenseits der Inseln die Nordsee befahren, seine giftige klebrige Fracht verliert. Damit wäre das Wattenmeer unwiederbringlich zerstört. Das Wattenmeer, das als eine der fünf bedeutendsten Feuchtgebiete der Erde gilt, reicht von Den Helder in den Niederlanden bis nach Esbjerg in Dänemark. In der Bundesrepublik gibt es zwei Nationalparks, die diesen Lebensraum schützen, einen an der Küste Schleswig-Holsteins, den anderen an der niedersächsischen Küste. Letzterer, der „Nationalpark Niedersächsisches Wattenmeer", besteht seit 1986. Das deutsch-niederländische Wattenmeer wurde im Juni 2009 von der UNESCO zum Weltnaturerbe ernannt.

Von den Nationalparks geschützt werden die Lebensräume Watt mit Rinnensystem, Salzwiesen, Inseln und Dünen. Diese Gebiete sind in drei Zonen unterschiedlicher Schutzintensität eingeteilt. Am strengsten geschützt ist die Ruhezone. Das Betreten dieses Gebietes ist nur auf vorgesehenen Wegen, Routen, Flächen und für bestimmte Zwecke erlaubt. Auch für die Landwirtschaft, die Jagd und die Fischerei gibt es hier erhebliche Einschränkungen. So ist z. B. die Jagd auf dem Watt verboten. Die zweite Zone ist die Zwischenzone. Hier sind alle Handlungen verboten, die den Charakter des Wattenmeeres und der Inseln verändern oder den Naturgenuss einschränken. Auch hier ist es untersagt, die Tiere zu stören. In der dritten, der Erholungszone, unterliegt der Aufenthalt keinen Beschränkungen. „Hier kann man sich nach Herzenslust tummeln", sagt die Broschüre der Nationalpark-Verwaltung. Es gibt Naturschützer, denen der Schutz des Wattenmeeres nicht weit genug geht. Sie meinen, dass hier ein unersetzlicher Lebensraum den wirtschaftlichen Interessen zum Opfer falle. Auf der anderen Seite stehen die Menschen in Ostfriesland, die sich ihren Unterhalt mit Fremdenverkehr und Küstenfischerei verdienen. Ihnen geht der Naturschutz schon fast zu weit, und sie fürchten um ihre Existenz.

Die Inseln

Hart am Rande des Festlandsockels liegt die Reihe der Ostfriesischen Inseln. Als Gestadeinseln bilden sie einen Schutzwall des von der See ständig bedrohten Küstenlandes. Sie alle zeigen als Bildungen des Meeres und des Windes Strömungsform, gleichen der Gestalt von Meerestieren. Der Flutstrom hat ihre Enden zu Fluthaken, zu Hörnern (Hörns) und Schwänzen (Sterten) zurückgebogen. Ihre Oberflächengestalt ist einheitlich. Hinter einem Gürtel von Brandungsbänken liegt der Sandstrand mit Strandwall und Vorfelddünen. Es folgen im geschlossenen Dünengelände die Weißen Dünen und weiter binnenwärts die Grauen Dünen, an die sich der bis an den Südstrand reichende Inselheller anschließt. Die Siedlungen liegen gewöhnlich im Schutze der Dünen. Häfen und Landungsbrücken findet man am ruhigen Südstrand. Die Inseldörfer waren ursprünglich reine Fischersiedlungen. Davon zeugen noch vereinzelte Fischerhäuser. Mit der Entwicklung der Inseln zu Seebädern nahm das Inseldorf im Laufe der Zeit mehr und mehr städtische Züge an.

Die Ostfriesischen Inseln sind das Mittelstück eines langen Dünenkranzes, der sich von Calais bis Nordjütland teilweise als geschlossener Dünenwall, an der Nordseeküste entlangzieht. Die Tideströmung an der ostfriesischen Küste gestattete nicht die Bildung eines geschlossenen Dünenwalls. Flut- und Ebbstrom schufen Durchlässe (Seegaten). So entstand eine Nehrungsinselreihe.

Die Inseln sind nicht Festlandreste oder Teile eines einst geschlossenen Dünenwalles, wie

Salzwiesen – Watt, die Inseln Baltrum Ostspitze, Langeoog Westspitze

man früher angenommen hat, sondern geologisch junge Bildungen. Sie sind im Bereich eines breiten Sandstromes entstanden, der in östlicher Richtung an der Küste entlang wandert. Die Ostdrift an der ostfriesischen Küste wird durch die vorherrschenden westlichen Winde und durch die im Anti-Uhrzeigersinn längs der schottisch-englischen und der deutsch-dänischen Küste durch die Nordsee verlaufenden Flutwelle (Silberrillenwelle) verursacht. Am Rande des flachen Wattes verlieren Flutstrom und Ebbstrom einen Teil ihrer Transportkraft. So kommt es an dieser kritischen Stelle, der Linie des mittleren Niedrigwassers, zur Anhäufung von Sandmassen, die von der Ostdrift erfasst werden. Die wandernden Sande bilden Sandbänke (Riffe, Platen, Sande), die über die Mittelhochwasserlinie emporwachsen können. Sie sind die Ausgangsformen der Inseln, sind aber ohne Dünen nicht bewohnbar, da jede höhere Flut über die Sandbänke hinweggeht. Hinter Hindernissen, Muschelschalen, Steinen u. a.

entstehen auf den höheren Sandplaten Aufwehungen aus losen Seesanden, die der Wind so lange immer wieder umlagert, als sie nicht von Pflanzen festgelegt sind. Nur unter Mitwirkung von Dünenpflanzen können sie über die Höhe der Hindernisse emporwachsen. Das Wurzelwerk der Dünenpflanzen hält den Sand fest, und die Sprossteile der Pflanzen verlangsamen die Windgeschwindigkeit in Bodennähe, fangen Sand und fördern dadurch die Aufwehung. Ein Pionier unter den Dünen bildenden Pflanzen ist die Strandquecke, die Salzwasserüberflutungen verträgt und die ersten höheren Dünen bilden hilft. Die Dünenquecke wächst durch die aufgeschütteten Sande immer wieder nach oben und verfestigt die Erstlingsdünen, bis infolge zu großer Höhe der Salzgehalt der Düne schwindet (Entsalzung durch Niederschläge) und die Strandquecke den höheren Sandhalmgräsern, besonders dem Strandhafer und dem Strandroggen weichen muss. Die weitere Aufhöhung der Dünen erfolgt nun in verstärktem Maße, denn die Sandhalmgräser sind gewaltige Sandfänger. Sie sind auf stete Zufuhr frischen Seesandes angewiesen, mit dem Nährstoffe, z. B. Muschelschalensplitterchen, Salze und organische Stoffe, herangeweht werden. Sie gedeihen deshalb besonders üppig an der Seeseite des Dünengeländes. Im Laufe der Zeit wachsen die ständig von weißem Seesand überschütteten Dünen bis zu einer Höhe von 20 m und mehr empor und bilden oft geschlossene Züge (Randwalldünen).

Hinter den weißen Randdünen liegen die „Grauen Dünen", auf denen die Sandhalmgräser infolge zu geringer Nährstoffzufuhr und Versauerung des Bodens zugunsten niedriger Gräser, Sträucher, Flechten und Moose zurücktreten. Die Vegetationsdecke schützt die Dünen vor den Angriffen des Windes; wird sie beschädigt, etwa durch den Tritt von Mensch oder Tier, dann kann der Sand wieder in Bewegung geraten und Siedlungen und Kulturflächen bedrohen.

An der Südseite der Inseln setzen sich im Schutze des Dünengeländes in ruhigem Wasser neben den Sanden auch leichtere Sinkstoffe, die Schlicktone, ab. An der Wattseite finden wir deshalb Sandmarschflächen, die Inselheller, die oft als Viehweide dienen.

Die Ostfriesischen Inseln sind Düneninseln. Sie sind größtenteils bewohnt. Die flächenmäßig größte ist die westlichste Insel Borkum, die weiteren bewohnten Inseln sind von West nach Ost: Juist, Norderney mit der größten Stadt auf den Inseln, Baltrum, Langeoog, Spiekeroog und Wangerooge. Ferner gibt es noch sechs weitere, kleine, unbewohnte Inseln: Lütje Hörn östlich und die Brauerplate nördlich von Borkum, Memmert und die Kachelotplate südwestlich von Juist, Minsener Oog als aufgespülte Insel südöstlich von Wangerooge sowie Mellum am östlichen Rand der Inselkette, die nach der Abgrenzung durch das Bundesamt für Naturschutz nicht mehr zu den Ostfriesischen Inseln

Die Grauen Dünen – Altdünen

Neßmersiel Hafen mit den Inselspitzen von Norderney und Baltrum

gehört, sondern zu den Watten im Elbe-Weser Dreieck. Im Westen haben die Inseln mit Ausnahme von Juist und Langeoog einen Abbruch, im Osten eine Anlandung von Sanden im Strömungs- und Windschatten zu verzeichnen, so dass sie ostwärts wandern. Sie sind gleichsam „auf der Flucht vor dem Westwind". Auf Spiekeroog betrug z. B. der Abbruch in den letzten 300 Jahren rund 1.400 m, die Anlandung im Osten etwa 4.450m. An Stellen des Abbruchs schützt man die Insel durch Buhnen und Strandmauern. Die Buhnen sollen die Strömung von der Insel ableiten.

An den Seegaten drängt die Ebbströmung die wandernden Sande nach Norden. Wo die Transportkraft des Ebbstroms im tiefen Wasser außerhalb der Seegaten erlahmt, erfasst die Ostdrift diese Sande und trägt sie in Form von Riffen zur nächsten Insel, die infolgedessen gegenüber der vorigen nach Norden verschoben wird. So liegt die Längsachse der Insel Norderney etwa 4 km nördlicher als die der Insel Juist und rund 1 km südlicher als die von Baltrum.

Meer-Dünen-Strand und Badefreuden: Die Inseln

Die nächste Flut verwischt den Weg im Watt,
und alles wird auf allen Seiten gleich;
die kleine Insel draußen aber hat
die Augen zu; verwirrend kreist der Deich...

Rainer Maria Rilke

Wie eine Kette von Perlen liegen die „Sieben Ostfriesischen Inseln" am Nordrande des Watts, acht bis zehn Kilometer von der Festlandküste entfernt, so dass bei klarem Wetter sowohl vom Festlanddeich aus die vorgelagerten Inseln mit ihren Dünen, Häusern und Türmen, wie auch umgekehrt, von den Inseln aus, der Küstensaum mit der schmalen Deichlinie, überragt von Baumgruppen, Kirchen und Windmühlen, zu erkennen sind. Sieben Inseln; Borkum, Juist, Norderney, Baltrum, Langeoog, Spiekeroog und Wangerooge, die oldenburgische.

Der schnellste Weg nach Borkum mit dem Katamaran „Nordlicht“

Borkum

Borkum ist nicht nur die westlichste, sondern mit einer Fläche von 36 Quadratkilometern auch die größte. Rund 8.300 Insulaner leben auf Borkum. Sie sind von allen Ostfriesen am weitesten vom Festland entfernt. Borkum profitiert durch die Lage von einem Hochsee-Klima, das besonders für Kuren der Atemwege geeignet ist. So wurde die Insel 1830 von frühen Badereisenden als Erholungsgebiet entdeckt. Vorher lebte man auf Borkum wie auf den meisten nord- und ostfriesischen Inseln von Fisch- und Walfang. Von dieser Tradition zeugen auf Borkum noch die Walknochen, aus denen man früher Zäune und Gartentore gestaltete.
Nicht zu übersehen sind die beiden Leuchttürme. Der Alte Leuchtturm stammt aus dem Jahre 1576, der Neue Leuchtturm von 1879. Ein weiteres Seezeichen ist auch das Feuerschiff „Borkumriff“, das seit 1988 im Hafen von Borkum festgemacht hat und dort als Informationszentrum für den Naturpark Wattenmeer dient.

Borkumer Inselbahn

Juist

Juist, die schlanke Insel in der südlichen Nordsee, ist mit fast 17,5 km Längenausdehnung bei nur 500 m Breite ein geographisches Unikum. Neben Langeoog ist Juist das einzige Eiland, das ohne schwere Befestigungswerke gegen die See auskommt. Wo die Fluten einmal einen Inseldurchbruch bewirkten, liegt heute, durch Dünen wohl beschirmt, mit dem 60 Hektar

Über dem Hafen das Kurhaus

großen Hammersee der einzige Süßwassersee der Ostfriesischen Inseln. Praktisch der ganze Inselwesten, der Hammersee, der Billwald, das Gebiet um die Domäne Bill, ist Naturschutzgebiet und hat im Nationalpark den Status einer Ruhezone. Im Osten liegt die Wilhelmshöhe; dort findet man in den Dünen die Goldfischteiche und noch weiter östlich das Kalfamer Muschelfeld. Juist kann auf eine gewisse landwirtschaftliche Vergangenheit zurückblicken, dort haben die ostfriesischen Fürsten ihre Pferde weiden lassen. Seit 1840 wurde die Insel für den Fremdenverkehr erschlossen.

Das Inselleben konzentriert sich genau in der Inselmitte, in dem geschäftigen „Dorf" und dem romantischen „Loog". Ostfriesische Bautradition zeigt sich in den roten Klinkerhäusern; Klinker wurden auch für die Kurpromenade verwendet. Wahrzeichen ist der Wasserturm auf einer 21 m hohen Düne, im Volksmund „Doornkaatbuddel" genannt. Der Verkehr auf der Insel besteht neben Fußgängern und Radfahrern bis auf wenige Ausnahmen aus Pferdefuhrwerken. Mit ihrer Hilfe wird der komplette Personen- und Warentransport organisiert. Selbst das Inseltaxi fährt mit 1 PS Hafermotor. Spektakulär ist die

Seebrücke und Wasserturm

Alter Leuchtturm Juist

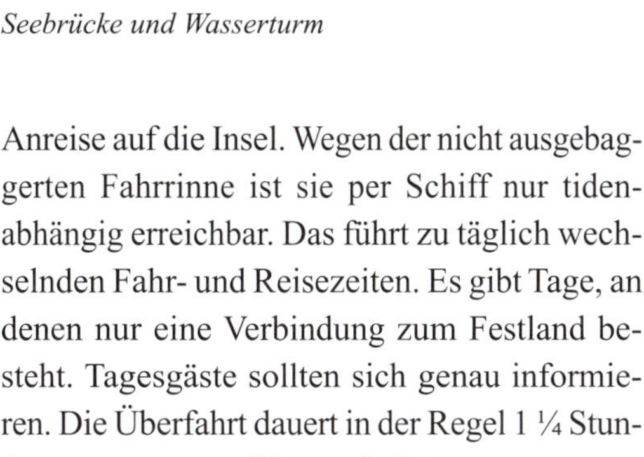

Anreise auf die Insel. Wegen der nicht ausgebaggerten Fahrrinne ist sie per Schiff nur tidenabhängig erreichbar. Das führt zu täglich wechselnden Fahr- und Reisezeiten. Es gibt Tage, an denen nur eine Verbindung zum Festland besteht. Tagesgäste sollten sich genau informieren. Die Überfahrt dauert in der Regel 1 ¼ Stunden, wenn genug Wasser da ist.

Norderney

Die zweitgrößte ostfriesische Insel ist das älteste Nordseebad. Doch das 1797 gegründete Bad konnte sich aufgrund der Napoleonischen Kriege zunächst kaum entfalten. Der blinde König Georg V. von Hannover wählte Norderney 1836 als Sommerresidenz. Prominenz zieht an, und so folgten seitdem viele Politiker und Personen des öffentlichen Lebens dem Ruf des Staatsbades. Neben dem vornehmlich aus Hannover und natürlich auch aus Ostfriesland kommenden Adel, die Grafen Knyphausen und Wedel, die auf Norderney ihre eigenen Häuser hatten. Die Familie zu Inn- und Knyphausen pflegte übrigens bei Ebbe mit einem Pferdewagen direkt von ihren Besitzungen in der Marsch durchs Watt in die Sommerfrische zu fahren. Am Wagen war, wegen der frischen Milch für die Kinder, eine Schwarzbunte angebunden.

Café Marien-Höhe

Weststrand, Biomaris und Strandvilla

Im Laufe der Jahrhunderte wurde Norderney internationales Modebad. Von seinen berühmten Besuchern seien hier nur Wilhelm von Humboldt, Heinrich Heine, Theodor Fontane, Otto von Bismarck und Kaiser Wilhelm II. genannt. Aus der Kaiserzeit finden sich noch einige repräsentative Bauwerke, darunter auch der 1874 in Betrieb genommene Leuchtturm.

Heinrich Heine Denkmal

Baltrum

Die kleinste der Ostfriesischen Inseln liegt genau in der Mitte der Inselgruppe. Von Norderney trennt sie nur ein ganz schmales Seegatt, die Wichter Ee. In einer Urkunde von 1398 wird sie zum ersten Mal unter dem Namen „Baltering“ erwähnt. Sie war in der Vergangenheit schwersten Angriffen durch die See ausgesetzt. Noch im 17. Jahrhundert war die Insel um vier Kilometer länger. Wie stark die See Baltrum zugesetzt hat, wird deutlich, wenn man weiß, dass das älteste Gotteshaus der Insel auf dem heutigen Ostende von Norderney gestanden haben muss. Die Fluten von 1717 und 1721 zerrissen Baltrum in zwei Teile und hinterließen eine tiefe Furche. In den letzten gut 200 Jahren ist die Insel etwa fünf Kilometer weiter nach Osten gewandert. Die Februarflut von 1825 ließ das alte Westdorf untergehen. Baltrum hat auch diese Katastrophe überstanden. Aus dem Mitteldorf wurde das Westdorf, das Ostdorf blieb, was es war. 1826 wurde, zum mindestens fünften Mal, ein Gotteshaus gebaut, welches bis heute genutzt wird und den Namen Alte Inselkirche trägt. Im Jahre 1876 wurde Baltrum „Seebad", doch die touristische Entwicklung ging nur langsam voran. Das erste Inselhotel er-

Alte Inselkirche mit Glocke

öffnete 1890, doch Baltrum blieb so klein, ruhig überschaubar und angenehm wie zuvor.

Große Verdienste um die Entwicklung Baltrums als Ferieninsel hat sich Wilhelm Vogt (1882–1966) erworben. Der 1927 wegen einer Kriegsverletzung aus dem Ersten Weltkrieg in den Ruhestand versetzte Lehrer übernahm

Strandleben auf Baltrum

hauptverantwortlich den Posten eines Badedirektors. Aus seiner Feder stammt der heute noch verwendete Werbeslogan „Baltrum – Das Dornröschen der Nordsee“. Das Dornröschen in der Nordsee wurde vom Tourismus erst spät wach geküsst. Ab 1966 ist Baltrum anerkanntes Nordseeheilbad mit dem, wie die Insulaner behaupten, feinsten Sandstrand aller Nordseeinseln. Ein regelmäßiger Fährverkehr von Neßmersiel verbindet die Insel mit dem Festland.

Museums-Rettungsboot

Langeoog

Im östlichen Baltrumer Blickfeld befindet sich die „lange Insel“, das einstige „Lange Oog“ und heutige Langeoog. Seine Vergangenheit war von Armut und naturbedingten Schicksalsschlägen gekennzeichnet. Im 18. Jahrhundert, 1711 und 1712, nahm die Bedrohung der auf Langeoog lebenden Menschen solche Formen an, dass die Insel praktisch verödete. Erst nach vielen Jahrzehnten wagten sich einige Langeooger wieder auf das Eiland, und schon 1827 gab es erste schüchterne Ansätze, hier einen Seebadeort zu errichten. 1884 gründete das evangelische Kloster Loccum auf Langeoog ein Hospiz. Zwischen dem westlichen Inselteil

... vor der Laterne. Anlässlich des 100. Geburtstages wurde unterhalb des Wasserturms eine Bronzestatue für Lale Andersen enthüllt.

Inselbahn

Aussichtspunkt Melkhörndüne – Schloppteich und Dorfpanorama

Flinthörn und dem Inselort gehörten die weiten fruchtbaren Wiesen dem Kloster, das hier eine große Meierei unterhielt.

Obwohl Langeoog als Inselbad eine Art Spätentwickler war, hat es wegen seiner Gepflegtheit heute einen besonderen Ruf, ebenso wegen der ungewöhnlich vielseitigen Sportangebote. Die Insel ist 19 Quadratkilometer groß und hat einen Strand von 14 km Länge und die höchste Erhöhung, die Ostfrieslands Inseln aufzuweisen hat, die Melkhörndüne. Im Übrigen zeichnet sich die Langeooger Vegetation durch einen großen Reichtum geschützter Pflanzen aus, wie z. B. durch die Pirola (Pirola rotundifolila), das Dünenmaiglöckchen und die silberfarben blühende Stranddistel (Eryngium maritimum). Ein fast zwei Kilometer langes und 100 bis 300 m breites Dünental trägt seinen Namen nach dem rundblättrigen Wintergrün, Pirolatal.

Langeooger Wahrzeichen ist sein kantiger Wasserturm auf einer 18 m hohen Düne. Als zweites Wahrzeichen kann man mittlerweile den alten Seenotrettungskreuzer „Langeoog“ ansehen, der hoch und trocken neben dem Kurzentrum aufgebockt steht. Die berühmteste Langeoogerin war Lale Andersen; ihr Grab befindet sich auf dem Inselfriedhof. Man erreicht Langeoog tidenunabhängig in gut einer halben Stunde von Bensersiel aus. Zwischen Hafen und Ortskern verkehrt noch eine Inselbahn.

Zeltlager der Sportjugend Niedersachsen an der Jugendherberge

Spiekeroog

Spiekeroog wurde in jener Lehnsurkunde von 1398 zum ersten Mal erwähnt, in der auch die anderen Inseln auftauchen, und zwar unter dem Namen „Spiekeroch“. Und ebenso wie die anderen Inseln hat diese eine wechselvolle Geschichte hinter sich. Sturmfluten und Strömungsverhältnisse formten sie zu ihrer heutigen Gestalt. Dabei wurde dreimal ein neues Dorf erbaut, weil das alte den Fluten zum Opfer gefallen war. Vom ersten weiß man nur, dass es im Nordwesten der Insel lag. Das zweite war etwas weiter ins Inselinnere verlagert und wurde später die „alte Warre“ genannt. Bei der Allerheiligenflut 1570 wurde dieser Ort zerstört, und danach siedelten sich die Insulaner dort an, wo sich auch jetzt noch der Ortskern befindet. Durch den Bau von Schutzwerken im Westen

Museumspferdebahn

konnte die Wanderung der Insel, die sich im Laufe von 300 Jahren um ihre ganze Länge nach Osten verlagert hatte, gestoppt werden.
Aber nicht nur die Elemente setzten den Insulanern stark zu. Auch Brandschatzungen und Plünderungen mussten sie über sich ergehen

„De Utkieker“, gewidmet dem unermüdlichen Wächter über das Kleinod Spiekeroog. Statue von Bildhauer Hannes Helmke, Spiekeroog/Köln

lassen, so beim Angriff der Bremer auf den Junker Balthasar von Esens 1538 und dem Überfall der Wassergeusen aus den Niederlanden im Jahre 1570. Damals wurden 12 Inselhäuser geplündert. 1846 wurde Spiekeroog zum ersten Mal als Seebad erwähnt; die Haupteinnahmequelle der Insulaner war jedoch weiterhin die Handelsschifffahrt. So gut wie alle Männer von der Insel verdienten den Lebensunterhalt als

Seeleute; deshalb weisen die alten Kirchenbücher die Spiekerooger Kinder stets als von Oktober bis Dezember geboren aus. Die „Alte Inselkirche“, 1646 erbaut, ist die älteste noch erhaltene auf den Inseln. Das Spiekeroog-Museum im Haus Hero gibt Auskünfte über die Geschichte der Insel, zu Schifffahrt und Fischerei sowie zur Tier- und Pflanzenwelt. Richtung Westen kann man mit der Museums-Pferdebahn vom alten Bahnhof aus fahren. Einst führte sie zum Hafen, doch der musste 1981 verlegt werden. So erinnert die etwa 1 km lange Bahnstrecke an vergangene Zeiten, wo von einer ins Watt hinaus gebauten Landungsbrücke, eine zunächst Pferde bespannte, dann von einer Diesellok gezogene Inselbahn abfuhr. Spiekeroog wird auch die grüne Insel genannt, da es um die Friesenhäuser des Dorfes herum ungewöhnlich viele Bäume und Gärten gibt. Von Neuharlingersiel aus erreicht man die Insel mit der Fähre in etwa einer Stunde. Die Fährschiffe verkehren tidenabhängig täglich zu verschiedenen Zeiten.

Strandleben

Wangerooge

Die Kette der Ostfriesischen Inseln schließt im Osten Wangerooge ab. Die Insel ist ein gutes Beispiel für die fortwährenden Naturkräfte: Abbrucherscheinungen im Westen und Landzugewinn im Inselsüdosten. Wangerooge ist knapp 9 km lang und knapp einen Kilometer breit. Ostfriesisch wurde das Eiland nie, sondern gehörte stets zum Großherzogtum Oldenburg und dessen wechselnden Herren.
Das 19. Jahrhundert brachte für Wangerooge Glanz und Elend schnell hintereinander. 1804 begann die Insel sich zaghaft zum Badeort zu entwickeln. Damals war Wangerooge eine „Russisch-Kaiserliche Insel", und der Badebetrieb begann mit der allerhöchsten Erlaubnis der anhaltisch-zerbstischen Regierung, eine Badekutsche und ein Badezelt aufzustellen. Unter den Holländern war es mit dem Badebetrieb nicht so weit her. Die Einwohner verdienten sich ihren Unterhalt lieber durch Schmuggel.

Westturm – Jugendherberge

Dann aber kam die oldenburgische Zeit, und unter den Herzögen von Oldenburg begann der Badebetrieb zu florieren. Unvermittelt endete die Blütezeit von Alt-Wangerooge, als zum Jahreswechsel 1854/55 eine heftige Sturmflut, die Januarflut, von den 73 Wohnhäusern des Westdorfes 21 vernichtete. Viele Wangerooger zogen damals aufs Festland und die Daheimgebliebenen bekamen erst 1860 die Erlaubnis, beim neuen Leuchtturm, der 1855 erbaut worden war, ein Dorf zu gründen. Im Westen befindet sich noch Wangerooges Wahrzeichen,

Alter Leuchtturm

Bahnhof – Kehre wieder

Café Pudding mit der Skulpturengruppe „Seehunde" von Judith von Eßen

der Westturm, der hier an der Stelle des alten Turms 1932 neu aufgebaut wurde. Heute ist in ihm die Jugendherberge untergebracht.

Nach wie vor weht am Strand nicht die schwarz-rot-blaue Flagge Ostfrieslands, sondern das dunkelblaue Tuch der Oldenburger mit einem weinroten Kreuz darin. „Heil dir, oh Oldenburg!" Die Überfahrt von Harlesiel mit Bundesbahn-Fährgastschiffen dauert ca. 80 Minuten. Teil der Überfahrt ist auch die Benutzung der letzten Schmalspurbahn, die die DB noch unterhält.

Treffpunkt oberhalb vom Strand

Auf dem Weg zum Osthafen

Land der Windmühlen

Neben den stattlichen Gulfhäusern und den wuchtigen Kirchen beherrschen die Windmühlen das ostfriesische Landschaftsbild. Mühlenfreunde können mehr als 80 gut erhaltene bzw. restaurierte Windmühlen sehen, darunter mehrere mühlentechnische Raritäten. Zur Zeit werden immer noch weitere Mühlen restauriert. Keine andere Landschaft Deutschlands bietet einen derartigen Mühlenreichtum. Nur die Niederlande kennt eine höhere Konzentration an Windmühlen.

Die ältesten Nachrichten über die Windmühlen führen bis ins 15. Jahrhundert zurück; man kann vermuten, dass die ältesten Mühlen noch früher gebaut worden sind. Bald nach 1424 errichtete Arnold von Creveld, Prior des Benediktiner-Klosters Marienkamp bei Esens, eine Windmühle; und 1439 bekundeten die Häuptlinge Edzard und Ulrich Cirksena, dass sie von den Hamburgern Schloss und Stadt Emden nebst einer großen Anzahl anderer Ortschaften samt deren Gerechtigkeiten empfangen haben, dabei „ene windmolen myd erer tobchoringhe vor der borgh." Die ältesten Windmühlen waren also im Besitz der Klöster und Häuptlinge. Sie dienten zum Kornmahlen und waren als so genannte Block- oder Ständermühlen aus Holz errichtet. Mit der Säkularisierung der Klöster unter Enno II. um 1530 kamen die meisten der über das ganze Land verteilten Kornmühlen in den Besitz der Landesherrschaft. Einen besonders großen Mühlenreichtum wies die Stadt Emden auf. Auf den hohen Stadtwällen zeigen die alten Stadtpläne 1594 vier, einige Jahre später sieben und nach Einbeziehung der Vorstädte in die Stadtbefestigung bald nach 1615 insgesamt sogar neun Ständermühlen.

Bockwindmühle in Dornum am Mühlentag (Pfingstmontag)

unten: Großes Kammrad mit dem Korbrad, das direkt den Läuferstein antreibt.

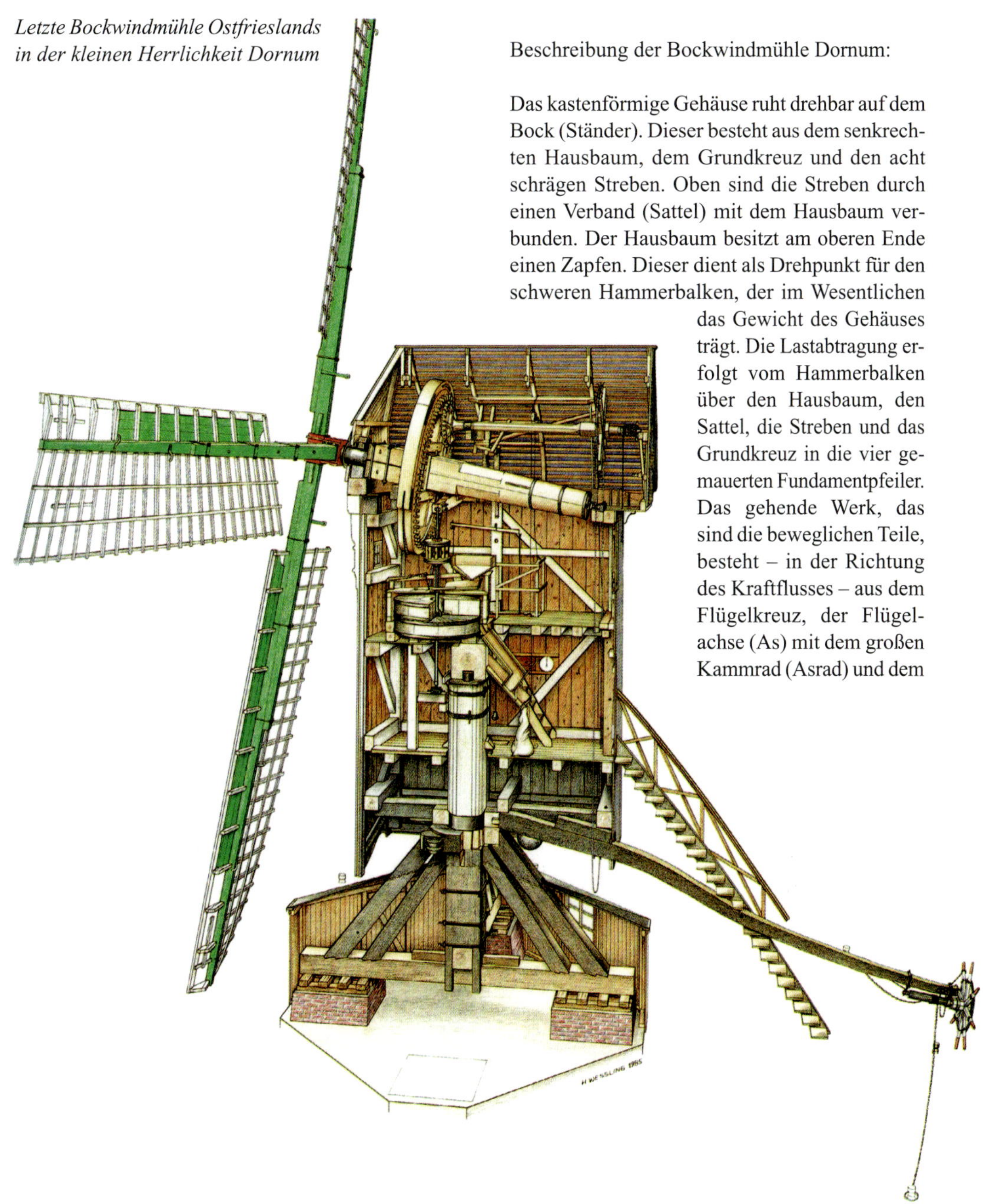

Letzte Bockwindmühle Ostfrieslands in der kleinen Herrlichkeit Dornum

Beschreibung der Bockwindmühle Dornum:

Das kastenförmige Gehäuse ruht drehbar auf dem Bock (Ständer). Dieser besteht aus dem senkrechten Hausbaum, dem Grundkreuz und den acht schrägen Streben. Oben sind die Streben durch einen Verband (Sattel) mit dem Hausbaum verbunden. Der Hausbaum besitzt am oberen Ende einen Zapfen. Dieser dient als Drehpunkt für den schweren Hammerbalken, der im Wesentlichen das Gewicht des Gehäuses trägt. Die Lastabtragung erfolgt vom Hammerbalken über den Hausbaum, den Sattel, die Streben und das Grundkreuz in die vier gemauerten Fundamentpfeiler. Das gehende Werk, das sind die beweglichen Teile, besteht – in der Richtung des Kraftflusses – aus dem Flügelkreuz, der Flügelachse (As) mit dem großen Kammrad (Asrad) und dem Korbrad (Schiefloop), das auf dem eisernen Oberspill sitzt und direkt den Läuferstein antreibt. In das laufende Kammrad kann die Sackwinde (Leideree) eingeschwenkt werden, um die Kornsäcke von außen auf den Steinboden (Steensöller) hieven zu können.

Vom Mahlgang läuft das Mehl nach unten in die Mehlpfeife (Mehlpiep) und von dort in den Mehlsack. Der untere Boden wird Mehlsöller genannt.

Die Mühle wird mit einem unten aus dem Gehäuse herausragenden Balken (Steert), an dessen Ende sich eine Handwinde befindet, in den Wind gedreht. Der Zugang in den Kasten erfolgt über eine auf dem Steert abgestützte Treppe.

Mühle Berdum, Erdholländer mit Steert, von 1820

Die herrschaftlichen Mühlen waren so genannte Mattmühlen, d. h. der Müller erhielt für das Mahlen kein Geld, sondern behielt eine bestimmte Menge, meistens ein Sechzehntel des gemahlenen Korns als „Matte“ oder „Metze“ zurück. In den Mühlen befanden sich Maße und Mattfässer, die von Zeit zu Zeit durch die landesherrlichen Beamten geeicht werden mussten.

Wenn durch Zunahme der Bevölkerung, zum Beispiel bei der Gründung der Fehnkolonien, in bestimmten Gebieten Neubauten erforderlich wurden, die Regierung aber nicht selbst bauen wollte, wurden auch von Privatleuten Mühlen errichtet und dafür dann von ihnen eine jährliche Gebühr, das so genannte Windgeld, erhoben. Die meisten Mühlen blieben aber bis gegen 1760 in herrschaftlichem Besitz und wurden vorwiegend in Zeitpacht vergeben. Bei öffentlicher Versteigerung wurden sie alle sechs Jahre an den Meistbietenden neu verpachtet. Das gehende Werk musste der Müller, das stehende Werk die Herrschaft unterhalten. Erst zu Anfang des 18. Jahrhunderts kam ein großer Teil der Mühlen in Erbpacht.

Schon in der ersten Hälfte des 18. Jahrhunderts verbreitete sich in Ostfriesland von Holland her ein neuer Mühlentyp. Bei den Ständermühlen musste das ganze Mühlenhaus um einen Ständerbalken jeweils in den Wind („gekoit“) werden. Der niederländische Mühlentyp hat einen festen Mühlenkörper, auf dem nur die Kappe mit den Flügeln beweglich ist. Diese neuen Mühlen wurden hauptsächlich zum „Pelden“ (Schälen) der Gerste für die beliebte friesische Grütze konzessioniert.

Alle Peldemühlen waren in Privatbesitz und mussten das übliche Windgeld zahlen. Als Kornmühlen dienten fast ausschließlich weiterhin die Ständermühlen. Im weiteren Verlauf des 18. Jahrhunderts verbreiteten sich die „Hollän-

Nenndorf-Westerholt, zweistöckige Galerieholländer mit Windrose

Westgroßefehn, zweistöckige Galerieholländer mit Windrose

der“ auch als Holzschneidemühlen. Nach niederländischem Vorbild bewegten seit dieser Zeit kleinere Windmühlen als Wasserhebewerke archimedische Schnecken zur Entwässerung tief gelegener Ländereien. Weiterhin wurden damals drei so genannte Barkmühlen errichtet, um Eichenrinde für die Lederbereitung zu mahlen. In der Nähe von Aurich diente schließlich eine Holländermühle als Papiermühle.

Esens, Peldemühle von 1850

Wasserschöpfmühle, Ditzumerhammrich

Mühle Werdum, Erdholländer mit Steert von 1748

Die Zeit der holländisch-französischen Fremdherrschaft (1806–1813) brachte Ostfriesland eine allgemeine Gewerbefreiheit. Nun geriet das jahrhundertelang durch die Obrigkeit eingeschränkte Mühlenwesen in rasche Bewegung. In nächster Nachbarschaft alter Mühlen wurden, oft zum Ruin derselben, neue errichtet; und andere, die bislang nur als Peldemühlen konzessioniert waren, erweiterten ihre Mahlwerke. Nun begann der Konkurrenzkampf zwischen den Ständermühlen und den Holländermühlen, die zu Gunsten der „Holländer" ausfiel, da ihr festes Mühlengehäuse auch einen festen Gang der Mahlsteine ermöglichte. Die Ständermühlen verschwanden mehr und mehr. Die letzte ostfriesische Ständermühle steht heute, liebevoll restauriert, in Dornum.

Das 19. Jahrhundert wurde zur Blütezeit des Mühlenbaus. Zählte man 98 Mühlen im Jahre 1808, so stieg die Zahl in den folgenden Jahrzehnten auf etwa 200 Mühlen an. Außer den Getreidemühlen gab es um 1880 fünf Holzschneidemühlen, sechs Ölmühlen und sechs Senfmühlen. Einen Höhepunkt erreichte der Mühlenbau des 19. Jahrhunderts in den stattlichen Turmwindmühlen nach Holländer Art. Ein besonders repräsentatives Beispiel ist die 1858 gebaute Stiftsmühle in Aurich, deren Flügelkreuz in einer Höhe von nahezu 50 m emporragt.

Mühlen geflügelte Türme,
dem Winde verschworen und doch
mit der Erde verwachsen.

Dorfkirchen und Orgeln

Neben den Mühlen als technische Baudenkmäler fallen die Kirchen als sakrale Baudenkmäler besonders ins Auge. Der Stein war in Ostfriesland Mangelware, allein in der Geest lag Granit in nur schwer zu bearbeitenden Brocken vor. Es ist daher nicht weiter verwunderlich, dass die Kirchen, die seit 1000 in größerer Zahl gegründet wurden, zunächst nur aus Holz bestanden. Etwas später als im übrigen Reich, erst im 12. Jahrhundert, ging man in Ostfriesland dazu über, die Holzkirchen – nach grober Schätzung vielleicht bereits 100 – durch feste Steinbauten im romanischen Stil zu ersetzen. War schon Holz im Lande rar, so fehlte zur Massivbauweise die wichtigste Voraussetzung, örtlicher Naturstein. Es galt also, die von Gletscherströmen aus dem Norden herangeführten Findlingssteine in mühseliger Handarbeit aufzusammeln und zu behauen. Die Errichtung einer stattlichen Zahl dieser wehrhaft und rustikal anmutenden Granitkirchen – durch die bäuerliche Dorfgemeinschaft – zunächst im angrenzenden Jeverland, ist aber noch aus einem anderen Grunde bedeutsam. Als Grundriss wählte man ausschließlich das sonst in Deutschland nur hier und dort vereinzelt auftretende Saalschiff mit halbrunder Ostapsis und stets abgesetztem Glockenturm (Buttforde, Asel, Middels). Dieses Schema blieb verbindlich auch für die schon reicher gegliederten Kirchen aus Tuff, einem stark porösen Eruptivstein aus dem Raume Andernach. Freilich blieben nur wenige dieser dem Wind, Regen und Frost preisgegebenen Tuffkirchen wie Arle, Nesse und Stedesdorf erhalten.

Zu Beginn des 13. Jahrhunderts trat recht unvermittelt ein neuer Baustoff auf, der bis heute das

Evangelische Kirche St. Marien in Nesse (Tuffstein um 1700)

Ev. Kirche St. Bartholomäus, Dornum

Ev. Kirche St. Marien, Marienhafe

Gesicht der Landschaft bestimmt, der Backstein. Es waren wohl die niederländischen Mönche, die nicht nur Klöster gründeten, sondern auch die Kunst des Steinebackens vermittelten. Der Bau der meisten, teilweise schon durch Lisenen (vorstehende Mauerstreifen) und Gesimse, später auch durch hoch aufsteigende Kuppelgewölbe bereicherten Pfarrkirchen fällt allein in die zweite Hälfte des 13. Jahrhunderts (Westeraccum, Dornum, Westerholt, Campen, Greetsiel). Etwa um diese Zeit fand Ostfriesland Anschluss zum weiteren Kulturraum. Kündeten sich z. B. in Bunde, Pilsum und Engerhafe westfälische Einflüsse an, so gelangten sie in der imposanten Basilika zu Marienhafe 1362 „curia Virginis gloriose" – voll zur Entfaltung. Heute noch von stattlicher Erscheinung, besaß dieser „Dom des Brokmerlandes" mit seinem Figurenschmuck von europäischem Rang einst die Ausmaße seines Vorbildes, des Osnabrücker Domes. Hinter dieser Krönung ostfriesischer Baukunst mussten auch, wiewohl selbst von klassischer Formensprache, die spätgotischen Choranbauten der vornehmen Häuptlingsfamilien zurücktreten, Dazu gehörten die polygonalen Chöre in Petkum, Hinte, Werdum und Larrelt, besonders aber der vom späteren Grafen Ulrich Cirksena errichtete Hochchor von St. Ludger in Norden. Damit war ein gewaltiges Bauprogramm erfüllt. Für die Neuzeit blieben als bedeutende Barockschöpfungen nur die 1648 vollendete Emder Kreuzkirche und die 1675 geweihte lutherische Kirche in Leer.

In nicht wenigen dieser mittelalterlichen Kirchen finden wir trotz Bildersturms und Plünderung manch köstliche Ausstattungsstücke, so die hochmittelalterlichen Sandsteintaufen mit bösartigen Tierfiguren, die vom Täufling

Ev. ref. Kirche, Greetsiel

Ev.St. Ludgeri Kirche, Norden

Ev. ref. Kirche St. Stephanus in Pilsum

Bronzetaufbecken, 1469, von Hinrich Klinghe

jegliches Unheil abwenden sollten (Hatzum, Suurhusen, Blersum). Seltener sind Granittaufen mit stark reduzierten Formenelementen (Dunum, Funnix) oder Taufbecken aus Erzguss (Pilsum 1469). Über die Zeitläufe hinweg erhalten blieben auch einige spätgotische Schnitzaltäre (Buttforde, Funnix, Loquard und Arle). Ebenso wie künstlerisch bedeutende mittelalterliche Bildschnitzereien aus einigen der 27 untergegangenen ostfriesischen Klöster heute in benachbarten Kirchen aufbewahrt werden, verbrachte man auch den spätgotischen Altaraufsatz des geachteten Klosters Ihlow nach Aurich. In der Renaissance und Barockzeit entstanden zumeist als fromme Stiftungen Kanzeln, Orgelprospekte, Emporebrüstungen und Taufdeckel von bäuerlich grober wie auch künstlerisch wertvoller Art. Aus der gleichen Zeit stammen schließlich – vielfach Arbeiten heimischer Silberschmiede – Kelche, Patene (Hostienteller) und anderes Altargerät mit beachtlichem Schmuck.

Fragmente eines ehem. Altaraufsatzes aus der Kirche in Holtgast

Die Klosterstätte Ihlow

Historische Orgeln

Wohl nirgends in Europa sind in einem so kleinen Gebiet so viele historische Orgeln erhalten geblieben. Dieser Reichtum begründet sich zuerst in der regen Kirchenbautätigkeit im Mittelalter zur Zeit der Friesischen Freiheit. Im Abstand von jeweils nur wenigen Kilometern sind im Mittelalter Kirchen zur Anbetung Gottes zum Schutz der Bewohner und ihrer Habe angelegt worden.

Rysum – Die älteste spielbare im Grundbestand erhaltene Orgel Deutschlands

Zwischen 1847 und 1860 schuf der Esenser Orgelbauer Arnold Rohlfs diese Orgel. Mit 30 Registern auf zwei Manualen und Pedal; Ostfrieslands größte Orgel aus dem 19. Jahrhundert

Historische Quellen belegen, dass bereits im 15. Jahrhundert zahlreiche Kirchen- und Klosterorgeln vorhanden waren. Im 17. bis 19. Jahrhundert haben heimische und zugereiste Orgelbauer schließlich jede Dorfkirche mit einer Orgel ausgestattet. Da Ostfriesland kein eigentliches Zentrum besitzt, konnte der jeweilige moderne Zeitgeist nicht so stark auf die ländlichen Bereiche einwirken. Die einheimischen Orgelbaufamilien hielten stets an der Tradition fest, so dass die neu gebauten Orgeln noch bis 1850 barocke Klangrezepte aufwiesen. Wirtschaftlich schwieriger Verhältnisse im ausgehenden 19. Jahrhundert und frühen 20. Jahrhundert verhinderten in den Landgemeinden, dass alte Orgeln durch industrielle Neubauten ersetzt wurden. Die Kirchenvorstände haben zudem beharrlich darauf geachtet, dass Althergebrachtes

Groothusen, Orgel (1798-1801) von J. F. Wenthin, Emden

bewahrt wurde. So fielen weniger Instrumente neueren Modeströmungen zum Opfer als anderswo.

Ostfriesland ist das Paradies für Organisten und Orgelliebhaber, die sich für historische Orgeln interessieren. In den Kirchen Ostfrieslands steht in der Regel eine historische Orgel und nur im Ausnahmefall eine moderne Orgel. In den meisten anderen Landesteilen ist es umgekehrt. Nirgendwo sonst gibt es so viele aktive Orgelbaubetriebe wie in der Ems-Dollart-Region.

Das ORGANEUM in Weener

Die Orgelakademie Ostfrieslands

In der mittelalterlichen Georgskirche Weener, die aufgrund ihrer ausgewogenen Akustik zu den besten Konzerträumen des Nordwestens zählt, befindet sich eine der beiden erhaltenen ostfriesischen Arp-Schnitger-Orgeln. Das zweite und auch zweitgrößte noch in Deutschland erhaltene Werk Arp Schnitgers befindet sich in der Ludgeri-Kirche zu Norden. Es ist die zugleich größte und bedeutendste historische Orgel in Ostfriesland.

Arp Schnitger war einer der berühmtesten Orgelbauer seiner Zeit (1648-1719) und gilt als Vollender der norddeutschen Barockorgel. Insgesamt hat er etwa 170 Orgeln neu erbaut oder wesentlich umgebaut. Ca. 30 davon sind erhalten. Handwerkliches und künstlerisches Geschick zeichneten seine Arbeiten aus. Aufbauend auf bereits etablierte Prinzipien des norddeutschen Orgelbaues führte Schnitger diesen in technischer und klanglicher Hinsicht zu seinem Höhepunkt. Die hohe Wertschätzung seiner Kunst hält bis in die heutige Zeit an, in

Arp-Schnitger-Orgel in der ev. ref. Georgskirche Weener

Winfried Dahlke an der Arp-Schnitger-Orgel

der immer mehr von seinem Geist und seinen Techniken inspirierte Instrumente geschaffen werden.
Einstimmen können Sie sich bei einem Besuch im Organeum in Weener. Dort werden den Gästen vielfältige Eindrücke von der ostfriesischen Orgellandschaft und der Faszination historischer Tasteninstrumente vermittelt. Direktor dieser bedeutenden Einrichtung, die 1997 gegründet wurde, ist seit 2002 Winfried Dahlke. Er hat dieses Amt von Prof. Harald Vogel übernommen, der diese Einrichtung fünf Jahre ehrenamtlich leitete. Winfried Dahlke, der auch Landeskirchenmusikdirektor der ev.-ref. Kirche ist, hat gleichfalls das Organistenamt an der Großen Kirche in Leer inne. Außerdem ist er Lehrbeauftragter für Orgel und Harmonium an der Hochschule für Künste in Bremen und Mitglied des Arp Schnitger Instituts für Orgel und Orgelbau an dieser Hochschule. Des Weiteren betreut er als Orgelrevisor der ev-luth., Landeskirche Hannover den Sprengel Ostfriesland-Ems. Seine festlichen Konzerte, besonders im Organeum und in der Georgskirche, vermitteln mit großer Meisterschaft die Klangfülle der historischen Instrumente.

Burgen und Schlösser

Das westliche Ostfriesland zählt zu den ältesten christianisierten Gebieten Norddeutschlands; alte Kirchen sind in ihrer Bausubstanz dafür Zeugen. Politisch hat sich dieses Gebiet wie das übrige Ostfriesland im Mittelalter relativ autonom entwickeln können. Alte Häuptlingssitze als feste Häuser, Burgen und Schlösser sind Relikte einer bewegten Vergangenheit.
Carl Woebken, Pastor und Chronist aus Sillenstede, schrieb 1922 in seinem Buch „Friesische Schlösser“: „… Die Steinerne Mauer stieg aus dem Graben hervor. Die friesischen Burgen sind alle Wasserburgen, wie das ganze deutsche Tiefland sie hat. Der Grundriss ist viereckig. Aber die dicken Mauern des Steinhauses sind nur die Zuflucht für die äußerste Not. Sie boten nur Raum für wenig Menschen. Wo blieb das Vieh? Wo blieb die Ernte? Da zieht der Burgherr noch einen zweiten Graben um den ersten herum. Zwischen beiden stehen die Wirtschaftsgebäude. Den Platz, den diese freilassen, füllt der Wall aus, dessen Erde aus dem Graben

Bunde Steinhaus

Norderburg, Schlossbrücke

genommen ist. Wall und Wirtschaftsgebäude bilden die Vorburg. Je weniger man eine Belagerung fürchtet, umso wohnlicher wurden die Burgen eingerichtet, umso köstlicher ausgeschmückt. Das Steinhaus wird zum Schloss."

Aber was ist aus den einstmals so zahlreichen Burgen geworden. Von den130 Burgen sind nur noch wenige übrig geblieben.

Nur 12 der ehemaligen Wasserburgen sind – mehr oder weniger gut erhalten – heute noch zu finden. Die meisten dagegen sind völlig vorm Erdboden verschwunden, und man weiß von ihnen nur noch aus alten Urkunden, aus Flurnamen, aus Sagen und mündlichen Überlieferungen. Wie konnte das geschehen?

Viele Burgen wurden schon während der Kämpfe, die ihre Besitzer untereinander führten, zerstört; denn wenn ein Häuptling eine fremde Burg – meist durch langwierige Belagerung und oft unter viel Blutvergießen – erobert hatte, dann wurde sie „geschleift". Man stieß die Mauern ein und machte die Gräben unbrauchbar, damit sie nicht so bald wieder als Verteidigungsanlage benutzt werden konnte. Sehr oft wurden auch die Steine der Burg, die ja in jener Zeit sehr wertvoll waren, abgefahren und zur weiteren Verstärkung der eigenen Burg benutzt.

Auch außerhalb des Landes gab es Feinde. Die Häuptlinge jener Jahrhunderte sahen es als ihr gutes Recht an, ihre Macht auf jede Art zu erweitern. So betrieben und unterstützten sie den Seeraub. Sie gewährten den Seeräubern Schutz und stellten ihnen ihre Burgen als Stützpunkte zur Verfügung. Dies führte zu schweren Fehden mit den Hansestädten, die Kriegsschiffe mit Truppen nach Ostfriesland schickten. Erfahrene und raue Krieger, denen die Bauern und Kriegsknechte der ostfriesischen Herrlichkeiten nicht gewachsen waren, eroberten eine Reihe von Burgen und machten sie dem Erdboden gleich, so die Attenaburg in Norden und die Burgen der tom Brooks in Wittmund und Aurich.

Um das Jahr 1500 überzogen Söldner des Herzogs von Sachsen das Land mit Krieg. Viele Burgen fielen in dieser „sächsischen Fehde" den fremden Landsknechten in die Hände und wurden abgebrannt und geschleift. Die starke Hand der Cirksenas befriedete schließlich das ganze Land. Sie dehnten ihre Macht über ganz Ostfriesland aus, so dass die Fehden im Innern abnahmen und ruhigere Zeiten eintraten. Doch mit der Vervollkommnung der Waffen verloren die kleinen Burgen ihre Bedeutung. Da sie auch den Wohnansprüchen ihrer Besitzer bald nicht mehr genügten, wurden die meisten nicht wieder aufgebaut. Man ließ sie verfallen oder baute moderne Gebäude auf ihre Fundamente.

Lütetsburg – Vorburg und Torhaus

Das eigentliche „Burgensterben" aber begann mit dem Regierungsantritt Friedrich d. Großen (1744). Viele Burgen, die bis dahin noch gut er-

Die unmittelbar an der Kirche gelegene Burg Hinta in Hinte, eine von Gräften umgebene Vierflügelanlage, ist die einzige erhaltene Häuptlingsburg in Ostfriesland.

Das Schloss Evenburg in Loga liegt in einem von Gräften umschlossenen Viereck.

halten waren und von früherer Tatkraft und Baukunst zeugten, wurden auf Befehl des neuen Landesherrn, der ihre weitere Erhaltung als Verschwendung ansah, dem Erdboden gleichgemacht, so u. a. die Burgen in Greetsiel, Wittmund, Emden und Berum.

Manche Burgen, die diese Zerstörung überstanden, sind in Jahrzehnten der Geldknappheit oder der Gedankenlosigkeit der Menschen zum Opfer gefallen. Die Burgen in Grimersum und Oldersum sind langsam zusammengefallen und abgetragen worden. Der letzte Krieg vernichtete die Klunderburg in Emden und fügte der Lütetsburg schwere Schäden zu. So blieben nur noch wenige Zeugen aus ferner Vergangenheit. Aber diese Steinhäuser, Burgen und Schlösser, die an den schönsten Orten in Ostfriesland liegen, erzählen ihre ganz eigene Geschichte, und die ist alles andere als langweilig.

Schloss Gödens

Stadt Aurich

Die heimliche Hauptstadt Ostfrieslands wird Aurich gern genannt. Das liegt nicht nur an der zentralen Lage. Als Sitz der Häuptlingsgeschlechter tom Brook und Cirksena erlangte Aurich Bedeutung. Von hier aus wurde die Region vom 12. Jahrhundert bis in die Gegenwart regiert. 1539 erhielt Aurich das Stadtrecht, keine 30 Jahre später wurde es Sitz der Grafen von Ostfriesland. Bis 1744 dauerte die Zeit als Residenzstadt; dann fiel Ostfriesland an Preußen und der Ort wurde in der Folgezeit zur Hauptstadt des Regierungsbezirks Aurich. 1978 erfolgte der letzte – historisch gesehen – dramatische Einschnitt in der Auricher Stadtgeschichte.

Das heutige Schloss wurde während der Zugehörigkeit zum Königreich Hannover von 1851 bis 1855 erstellt.

Neue Kanzlei

o. Ev. luth. Lamberti Kirche wurde 1834-35 im klassizistischen Stil erbaut.
u. Reformierte Kirche: ist der einzige klassizistische Rundbau im Weser-Ems-Gebiet. Erbaut 1812–1814

Das Hafenwärterhaus, „Pingelhus“

Der Regierungspräsident zog von Aurich nach Oldenburg um, der Regierungsbezirk Aurich wurde zugunsten des größeren Regierungsbezirks Weser-Ems aufgelöst. Aus der großen Zeit sind noch einige Gebäude erhalten, so Teile des Schlosses und einige Bürgerhäuser. Das 1447 errichtete Schloss ließ Georg V., König von Hannover, von 1851 bis 1855 durch einen Neubau ersetzen. In der Vorburg des alten Schlosses wurde 1732 die Neue Kanzlei erbaut, die als ältester Teil erhalten blieb. Im von Wallanlagen umgebenen Zentrum befinden sich ausgedehnte Fußgängerzonen, die sich auch über den autofreien Marktplatz erstrecken. Sehenswert sind die als Museum eingerichtete Stiftsmühle, welche von Mai bis Oktober geöffnet ist, und das Historische Museum, sowie das Pingelhus, wie das ehemalige Hafenmeisterhaus heißt. Wer den Hafen vermisst, erfährt, dass der alte Auricher Hafen zugeschüttet wurde, so dass das Pingelhus auf dem Trockenen steht. Direkt nebenan liegt das Gebäude der „Ostfriesischen Landschaft“, 1898 im Stil der Neorenaissance erbaut, das ehemalige Ständeparlament mit prächtigem Fürstensaal. Hier tagt jährlich zweimal das „Kulturparlament“. Heute ist es Sitz des Forschungsinstituts für den friesischen Küstenraum und der Landschaftsbibliothek.

Stiftsmühle mit Müllerhaus

Turm der Ostfriesischen Landschaft

Stadt Emden

In Emden haben in diesem Jahrhundert zwei berühmte Deutsche das Licht der Welt erblickt. Beide erreichten die Massen, jeder auf seine Art. Und beide hinterließen Spuren in Emden. Der Komiker Otto Waalkes vermachte seiner Heimatstadt das Otto Huus im Zentrum, und vor dem Haus im Stadtteil Transvaal, in dem er geboren wurde, stehen zwei Ottifanten in Bronze.

Der ehemalige Chefredakteur der Zeitschrift „Stern“, Henri Nannen, hat sich nach seiner Pensionierung in Emden seinem Hobby gewidmet, der modernen Kunst. Er finanzierte den Bau der Kunsthalle und legte mit seiner Sammlung moderner Kunst den Grundstock zu einem Museum mit Malerei und Plastik des 20. Jahrhunderts, das zu den bedeutendsten in Deutschland zählt.

„Oma und Opa“, Bronzeskulptur eines Moorbauernpaares vom Auricher Künstler Friedrich Büschelberger

Im Mausoleum auf dem Friedhof sind reich verzierte Zinnsärge zu sehen, Ruhestätten des ostfriesischen Adels.

Das Otto Huus, das museale Schmunzelkabinett des „Götterboten“

Die Kunsthalle

Die Seehafenstadt an der Emsmündung ist wirtschaftliches Zentrum und größte Stadt Ostfrieslands mit ca. 50.000 Einwohnern. Einen guten Überblick über die Hafenanlage des viertgrößten deutschen Hafens an der Nordsee bekommt man vom Rathausturm aus. Im stilvoll wieder aufgebauten Rathaus – der Stadtkern wurde im Zweiten Weltkrieg durch Bombenangriffe zu 80 % zerstört – befinden sich die Sammlungen des Ostfriesischen Landesmuseums mit der berühmten Rüstkammer.

Ratsdelft mit Rathaus im weihnachtlichen Lichterglanz

Die Rüstkammer im Rathaus zeigt eine der größten stadteigenen Waffensammlungen in Europa.

Grabmal Graf Enno II. in der Johannes a Lasco Bibliothek

Hafentor am Delft von 1635, mit gebrochenem Dreieckgiebel und Kugelaufsätzen. An den Pilastern und Rundbogen Bossenquader

Die Ruine der mittelalterlichen Großen Kirche, wieder aufgebaut mit moderner Architektur hat einen Raum ganz eigener Art entstehen lassen. Keine Kirche, aber ein Raum der Kirche, in dem Menschen Kunst und Kultur, Musik und Geschichte erleben können. Zwischen gotischen Backsteinbögen und funktionalem Interieur ist die Johannes à Lasco Bibliothek untergebracht. Im Chor des südlichen Seitenschiffes befinden sich die Überreste des Grabmals Graf Enno II. von Ostfriesland.

Am Ratsdelft mit dem Hafentor von 1635, ein Wahrzeichen der Stadt, liegen das Museums-Feuerschiff „Amrumbank“ und der Seenotrettungskreuzer „Georg Breusing“ sowie weitere Museumsschiffe.

Eine Besonderheit ist die kreuzförmige Kesselschleuse; sie ermöglicht dem Betrieb des Ems-Jade-Kanals an der Kreuzung mit dem Stadtgraben und dem Wolthauser Tief. Die Stadt an der Ems ist Fährhafen für die Insel Borkum.

Die Kesselschleuse ist die einzige Rundkammerschleuse Europas, die vier Wasserstraßen miteinander verbindet.

Hafen mit Rathaus und Alter Waage

Stadt Leer

Die Kreisstadt Leer liegt verkehrstechnisch günstig an der Mündung der Leda in die Ems. Deshalb ist die 34.500 Einwohner zählende Stadt nach Emden der zweitwichtigste Standort für Industrie und Handel in Ostfriesland. Dem Stadtbild merkt man deutlich die holländischen Einflüsse an. Leer, wo der Missionar Liudger vermutlich 787 mit der Christianisierung der Friesen begann, erhielt erst im 19. Jahrhundert das Stadtrecht. In Leer haben zwei Häuptlingsburgen die Jahrhunderte überdauert: Die Haneburg und die in Privatbesitz befindliche Harderwykenburg. Im Ortsteil Loga führt eine Allee auf die in einem Park gelegene Evenburg zu. Durch die Vorburg und einen Torbogen gelangt man zur Hauptburg, die von einem Was-

Altstadt, Speicherhäuser

sergraben eingefasst ist. Der Kern der Burganlage, die von den Grafen Wedel geschaffen wurde, stammt aus der Barockzeit. Eine zweite Burg der Wedelschen Grafenfamilie in Loga, an der Straße Hohe Loga, ist das Schloss Philippsburg, eine barocke, ursprünglich eingeschossige Anlage mit drei Flügeln im Stile eines niederländischen Palais.

Philippsburg in Loga

Zahlreiche historische Bürgerhäuser sind erhalten, so das oft fotografierte „Haus Samson" in der Rathausstraße, das 1643 erbaut wurde. Aus der „Alten Waage" von 1714mit dem stilvollen Restaurant Zur Waage und Börse blickt man auf den Hafen oder aufs Rathaus (1894).
Ein großes Volksfest ist der jährlich im Oktober stattfindende „Gallimarkt", auf dem neben dem üblichen Kirmesgeschäft mit Karussells auch noch immer handfeste Geschäfte auf dem Viehmarkt mit den besonders leistungsfähigen schwarzbunten Kühen gemacht werden.

Der sagenumwobene Plytenberg

Haneburger Südseite

Lichterglanz im Hafen

Weinhaus Wolff

Jann-Berghaus-Brücke in Leer mit Kreuzfahrtschiff bei der Überführung

Stadt Norden – Norddeich

Norden gilt als älteste ostfriesische Stadt; Norddeich liegt nur 2 km vorgeschoben unmittelbar am Meer und ist größter Küstenbadeort in Ostfriesland. In Norden befindet sich ein überdimensionaler, baumbestandener Marktplatz, in dessen Mitte die Ludgerikirche sich erhebt und an den Rändern sich zahlreiche ältere Bauten mit dem Alten Rathaus zu einem geschlossenen Ensemble versammeln. Die mächtige 80 m lange romanisch-gotische Ludgerikirche ist der bedeutendste mittelalterliche Kirchenbau Ostfrieslands mit reicher Ausstattung, u. a. der wertvollen barocken Arp Schnitger-Orgel. Diese von ihm geschaffene

Mennonitenkirche – hist. Marktpumpe am südlichen Marktplatz

St. Ludgeri

Arp Schnitger-Orgel

Orgel entstand zwischen 1686 und 1688. Die kunstvolle Front der Orgel ist um den südöstlichen Vierungspfeiler herumgebaut. Im Alten Rathaus ist heute das Ostfriesische Teemuseum angesiedelt, und es befindet sich dort die Theelkammer der über 1.100-jährigen Bauerngenossenschaft Thélacht, die sich auf Landbesitz stützt, der den Mitkämpfern in der Normannenschlacht 884 übereignet wurde.

Bürgerhaus (urspr. Haus Manninga)

Die Mennonitenkirche am Marktplatz wurde 1662 als Patrizierhaus erbaut. Mit dem Schöninghschen Haus in der Osterstraße besitzt die Stadt das reichste Bürgerhaus der Renaissance in Ostfriesland. Der dreigeschossige Bau ist 1576 errichtet worden.

In Norddeich befindet sich der wohl wichtigste Fährhafen Ostfrieslands. Hier endet die Bahnlinie, die von Emden kommt; hier legen die Fährschiffe nach Norderney und Juist ab. Bekannter war Norddeich vor allem bei Seeleuten durch die Küstenfunkstelle „Norddeich Radio". Sie war seit 1907 zuständig für alle Seefunkgespräche auf Kurzwelle rund um die Welt zu deutschen Schiffen. Satelliten haben die drei Küstenfunkstellen der Post inzwischen überflüssig gemacht.

Inselfähre nach Norderney
Links: Osterstraße, Haus Schöningh

Stadt Esens

Verschiedenes spricht dafür, dass der Ort Eselinge schon um 1150 besiedelt war und hier eine Magnuskirche stand, an der seit etwa 1300 Vicepröpste wirkten. Im frühen 14. Jahrhundert tritt Esens urkundlich als Hauptort des Harlingerlandes, der terra Herlingia, auf und wird vermutlich in der ersten Hälfte des 16. Jahrhunderts Stadtrechte erhalten haben.

Der erste Reichsgraf von Ostfriesland, Ulrich I. aus dem Hause Cirksena, war in erster Ehe mit Foelke, Tochter des Häuptlings Wibet von Esens, verheiratet und erbte die Herrschaften Esens und Stedesdorf. Er übertrug sie dem Häuptling Sibet Attena zu Lehen. Sibet war zeitlebens ein getreuer Gefolgsmann der Cirksena und wurde mit Ulrich I. 1464 zu Emden von dem Abgesandten des Kaisers zum Ritter geschlagen.

Fußgängerzone vom kostenlosen Großparkplatz zum Marktplatz

Nach Ulrichs Tod wurde er Vormund der gräflichen Kinder und leistete für sie dem Kaiser gegenüber die Lehnschuldigung. Er eroberte 1456 die Burg und Herrschaft Wittmund, die nun mit den Herrschaften Esens und Stedesdorf zusammen das vereinigte Harlingerland bildete. 1473 starb Sibet, der eine der hervorragendsten Erscheinungen unter den ostfriesischen Häuptlingen war. Sein Sohn und Nachfolger Hero Omken trat im Gegensatz zum Vater in scharfe Opposition zum Grafenhaus und erkannte die

Der Esenser Bär
In das heutige Stadtwappen gelangte der Bär als Wappentier der Attenas

Sarkophag Sibet Attena

Junker Balthasar-Brunnen

Cirksenas nicht als Landesherren an. Er gehörte zu den Gegnern Edzards d. Gr. in der Sächsischen Fehde. Die Regierung seines Sohnes, des berüchtigten Balthasar, ist durch zahlreiche Kämpfe gegen Edzard d. Gr. und Enno II. ausgefüllt, bei denen das Land oft furchtbar verwüstet wurde. Nach einer schweren Demütigung durch Enno wandte sich Balthasar an den Herzog von Geldern und eroberte mit dessen Hilfe sein Land zurück, das nunmehr geldrisches Lehen wurde. Unter ihm machte die Stadt mehrere Belagerungen durch, die schwerste 1540 durch die Bremer, während der Balthasar starb.

Die Rüstung des Junkers befindet sich im Bremer Focke-Museum. Diese Kriegsbeute haben die Bremer bis heute nicht herausgerückt.

Seine Schwester Onna war mit einem Grafen von Rietberg vermählt, wodurch das Harlingerland an die westfälischen Rietberger kam. Onnas Enkelin Walpurgis heiratete 1581 den Grafen Enno III. von Ostfriesland. Dadurch wurde der Zusammenschluss des Harlingerlandes mit Ostfriesland vorbereitet, der 1600 durch den Berumer Vertrag endgültig vollzogen wurde. Unter Enno und Walpurgis erlebte Esens als kleine Residenz eine glückliche Zeit. Später blieb es eine unbedeutende Landstadt, die nur 1849 noch einmal über die ostfriesischen Grenzen hinaus von sich reden machte, als auf dem Marktplatz in einer großen Volksversammlung der Rektor Johann Carl Gittermann in einer feurigen Rede für ein einiges Deutsches Reich eintrat und dafür von der hannoverschen Landesregierung ins Gefängnis gebracht wurde. Bei seiner Rückkehr bereiteten ihm die Esenser einen jubelnden Empfang.

In Esens wurden um 1465 als 2. Sohn Sibet Attenas Ulrich von Dornum, der vornehmste Ratgeber Edzard d. Gr., 1564 der als Astronom bekannt gewordene Pastor David Fabricius und 1660 der ostfriesische Kanzler Enno Rudolf Brenneysen geboren.

An zwei bedeutende Mitglieder der regierenden Familie erinnern der prunkvolle Sarkophag Sibet Attenas und das Epitaph der Gräfin Walpurgis in der Magnus-Kirche zu Esens. Die unter Hero Omken und Balthasar stark befestigte, unter den Rietbergern zum Residenzschloss umgebaute Burg, wurde 1755 durch Friedrich d. Gr. abgebrochen.

Rathaus Esens

Heute ist die Stadt Esens wirtschaftliches Zentrum einer Samtgemeinde, deren Stadtkern 4 km von der Küste entfernt liegt. Dennoch kann Esens sich zu Recht als Küstenstadt bezeichnen. Die Ortsteile Bensersiel und Neuharlingersiel sind Nordseeheilbäder. Die Nordseetherme und das Meerwasserwellenbad machen Bensersiel zu einem witterungsunabhängigen Reiseziel. In der Therme befindet sich auch das Kurmittelhaus. In Neuharlingersiel mit seinem romantischen Kutterhafen legt die Fähre nach Spiekeroog ab.

Innenhafen Neuharlingersiel, oben in Weihnachtsbeleuchtung, unten Skulptur Alt- und Jungfischer von H. G. Petersen

Nordseetherme Bensersiel

Siel- und Fährhafen Bensersiel

Esenser Schützenfest im Juli

Die Schützencompagnie Esens e. V. Von 1577 kann mit ihrem Schützenfest auf eine lange Tradition zurückblicken. Es zählt zu den größten Festen seiner Art in Niedersachsen und gilt als eines der wichtigtsen in Ostfriesland.
In Esens gilt der Satz:

„Es gibt viele Schützenvereine,
aber nur eine Schützencompagnie!“

Stadt Wittmund

Die Kreisstadt des Harlingerlandes wird schon im 12. Jahrhundert als Witmuntheim oder Widimuntheim erwähnt; wahrscheinlich stand hier schon in dieser Zeit eine Sendkirche. Durch die im Mittelalter tief ins Land eingebrochene Harlebucht, die später verlandete, besaß Wittmund als Hafenort einen Zugang zur See. Um 1400 war es im Besitz der Auricher Häuptlingsfamilie Kankena, die die Kirche burgartig ausbaute. 1457 eroberte der Häuptling Sibet Attena von Esens Wittmund und errichtete eine neue Burg. Er vereinigte die Herrschaften Esens, Stedesdorf und Wittmund zum Harlingerland.

Das 1567 erteilte Stadtrecht ging wieder verloren und wurde erst 1929 erneuert. Durch den Berumer Vertrag sicherte sich 1600 die Familie Cirksena die Herrschaft über das Harlingerland, und Wittmund wurde ostfriesisch.

1764 ließ Friedrich der Große die Burg von Wittmund abbrechen. Die hohen Wälle, von denen man eine gute Fernsicht, besonders auf das benachbarte Jever, hatte, und der Schlosspark mit dem immer noch wassergefüllten Schlossgraben sind noch erhalten.

Jan Schüpp Brunnen

Treiber mit Hund und Schafen, geschaffen von A. Bocklage aus Vechta, erinnert an den früheren Schafmarkt auf diesem Platz

Auf dem Burgwall

Heimatmuseum Peldemühle

Die heutige Kreisstadt mit gut 20.000 Einwohnern, eingemeindete Dörfer eingeschlosssen, am Flüsschen Harle gelegen, ist staatlich anerkannter Erholungsort. Der Spaziergang rund um die Nicolaikirche aus dem Jahr 1775 ist schnell getan, Marktplatz, Schlosspark und die imposante Siutemühle sind ebenfalls gut zu Fuß zu erreichen. Die Peldemühle von 1741, der älteste Galerieholländer Ostfrieslands, birgt ein Heimatmuseum.

Das touristische Zentrum der Stadt ist aber der, 14 km entfernt, an der Küste gelegene Ortsteil Carolinensiel. Das staatlich anerkannte Nordseebad verbindet die Annehmlichkeiten eines modernen Kurortes mit der ursprünglichen Atmosphäre eines historischen Sielhafens. Er gehört heute zu einer ganzen Museumslandschaft, dem „Deutschen Sielhafen-Museum", das einen umfassenden Eindruck vom Leben an der Küste in den letzten 200 Jahren vermittelt. Drei Häuser, das Kapitänshaus, das „Groot Hus" und die Alte Pastorei gehören dazu.

Friedrichsschleuse bei der Watten-Sail

Weihnachten am Siel mit schwimmendem Weihnachtsbaum

Stadt Weener

Weener ist der Hauptort des linksemsischen Rheiderlandes und besaß eine hervorragende Bedeutung durch seine verkehrstechnische Lage am ehemaligen Postweg in das Emsland und die Niederlande. Er bildete in vieler Hinsicht eine Brücke zu den Niederlanden, mit der das gesamte Rheiderland auch zeitweise verbunden war.
Im 10. Jahrhundert wird ein dem Kloster gehörenden Herrenhof Wenve erwähnt. Aus der gleichen Quelle ergibt sich, dass um 1000 schon eine Kirche vorhanden gewesen sein muss. Im 13. Jahrhundert wurde Weener Sitz einer münsterschen Propstei. Damals war es schon ein wichtiger Handelsplatz an der Straße Emden – Münster.

Architektonisches Ensemble rund um den Kaakebogen, dahinter die dem Heiligen Georg geweihte Kirche

Im Mittelalter stand Weener zeitweise sehr unter dem Einfluss von Groningen. Im 15. Jahrhundert dann nacheinander unter der Herrschaft der ostfriesischen Häuptlinge tom Brook, Ukena und der Cirksena. Dem baufreudigen ersten Reichsgrafen von Ostfriesland, Ulrich I., verdankte Weener den spätgotischen Chorneubau seiner Kirche, die aus dem Jahr 1230 datiert. 1497 wurde Weener in der Fehde zwischen dem Bischof Heinrich von Münster und dem ostfriesischen Grafen Edzard d. Gr. von den münsterischen Truppen niedergebrannt. 1508 erhielt es durch Edzard Marktgerechtigkeit. 1528 wurde der bekannte Chronist Eggerik Beninga Propst von Weener.

Mit dem Ausbau des Hafens 1570 entwickelte sich der Ort zu einem wichtigen Handelsstandort.

Weener ist heute mit knapp 16.000 Einwohnern die größte der drei Kommunen des Rheiderlandes. Parks und Grünflächen und eine großartige Naturlandschaft brachten ihr den Beinamen „Grüne Stadt“ ein. Neben namhaften Industrie-

Einst von großen Seglern, Küstenflussschiffen und Fischern angelaufen, die teilweise hier beheimatet waren, zeugt noch heute der „Alte Hafen“ von dieser großen Vergangenheit. Heute Liegeplatz für liebevoll restaurierte Oldtimer.

Das Frone-Haus, ältestes Haus in Weener, zeigt am Giebel 1660, wahrscheinlich aber schon errichtet 1550.

Eine sorgfältig restaurierte Villa aus dem späten 19. Jahrhundert beherbergt die bedeutende Orgelsammlung. Unten: Kabinettorgel von Ibe Peters Iben, 1790

betrieben und etlichen Unternehmen in Handwerk und Handel ist ein weiterer Wirtschaftsfaktor der Tourismus.

Weener bietet mit seinen Sehenswürdigkeiten und der touristischen Infrastruktur ideale Voraussetzungen. Eine idyllische Hafenanlage, ständiger Liegeplatz von historischen Schiffen, wirkt mit seinen malerischen Häuserfronten wie ein maritimes Freilichtmuseum.

Neben der historischen Altstadt mit seinen liebevoll restaurierten Bürgerhäusern, dem Heimatmuseum „Rheiderland", der Georgskirche mit dem „Kaakebogen", Übergang vom profanen zum sakralen Bereich, ein Juwel inmitten der Altstadt, das Organeum. Die Orgelakademie Ostfriesland in Weener dient der Erschließung und Vermittlung eines einzigartigen Kulturerbes; denn nirgendwo auf der Welt gibt es so viele historische Orgeln aus allen Perioden des Orgelbaues wie in Ostfriesland und dem benachbarten Groningerland. In einer sorgfältig

restaurierten Villa aus dem späten 19. Jahrhundert befindet sich eine bedeutende Sammlung historischer Tasteninstrumente, auf denen die Musik von der Renaissance bis zur Romantik stilgetreu wiedergegeben werden kann.

Stadt Jever

Jever gehört zu den schönsten Städten im Nordwesten – nicht in Ostfriesland; denn Ostfriesland und Jeverland, das sind zwei Paar Schuhe. Andererseits liegt Jever aber auch im Osten der Ostfriesischen Halbinsel, also doch irgendwie dazu gehörend!

Schloss Vorderseite

Eingang zur Grabkapelle, die Frl. Maria 1556 über dem Grab ihres Vaters errichten ließ. Das darin befindliche Grabmal Edo Wiemken d. J. entstand 1561 – 64.

Links: Renaissance Rathaus am Kirchplatz, errichtet 1609 –1616, vorn Ratspütt.

Jever gehörte bis ins 12. Jahrhundert hinein den Herzögen von Sachsen, war danach zwischen Oldenburg und Ostfriesland heftig umstritten und machte sich unter Häuptling Edo Wiemken d. Ä. selbständig. Das war 1370. Eine hohe Blüte erlebten Jever und das Jeverland unter der Herrschaft der Regentin Fräulein Maria, die von 1500 bis 1575 lebte. Danach fiel Jever an die Grafschaft Oldenburg, kam 100 Jahre später an das Haus Anhalt-Zerbst, so dass die spätere Kaiserin Katharina II. von Russland zugleich Herrin von Jever war. Seit 1818 ist Jever Teil von Oldenburg.

Sehenswert in Jever sind das Schloss (15./16. Jh.) mit dem Audienzsaal, dessen kunstvolle Kassettendecke besondere Beachtung verdient. Zu den weiteren wertvollen Einrichtungsgegen-

Alter Markt mit dem ehemaligen Konzerthaus; der Bronzebulle erinnert an die Viehmärkte, die Jahrhunderte lang auf diesem Platz stattfanden. Der Sagenbrunnen stellt Mythen und Sagen des Jeverlandes dar.

Schloss Mariengang
Als Fräulein Maria 1575 starb, befürchtete man eine Machtergreifung der Ostfriesen. Ihr Tod wurde geheim gehalten. Die Täuschung gelang so perfekt, dass bis heute die Sage geht, Fräulein Maria sei gar nicht verstorben, sondern durch einen unterirdischen Gang verschwunden.

ständen gehören Gobelins und Ledertapeten. Porträts der ehemaligen Herrscher zieren die Wände. Seit 1921 konnte das Jeversche Schloss für die Aufnahme der Sammlung des Altertums- und Heimatvereins von 1886 genutzt und als Museum eingerichtet werden.
Sehr schön sind das Rathaus (1609-16) mit der Ratspütt (Brunnensäule), das Gerichtshaus (1703) und das Edo-Wiemken Denkmal, welches Fräulein Maria über dem Grabmal ihres Vaters errichten ließ. Edo Wiemken d. J. starb 1511. Das Grabmal entstand 1561-64 in der Werkstatt des Cornelius Floris in Antwerpen. In etlichen Straßen gibt es Bürgerhäuser aus dem 16. und 18. Jahrhundert. Lohnend ist ein Spaziergang durch den Schlosspark. Überregional beliebt ist das Altstadtfest.

Weltmeister im Teetrinken

Nirgendwo wird mehr Tee getrunken als in Ostfriesland, ca. 300 l pro Kopf im Jahr. Damit haben die Ostfriesen den weltweit größten Teeverbrauch pro Kopf. Typischerweise trinken sie Ostfriesentee, eine Mischung hauptsächlich aus Assam Sorten, die einen sehr dunklen, kräftigen Tee ergibt.
Die ostfriesische Teekultur ist seit Dezember 2016 als Immaterielles Kulturerbe in Deutschland anerkannt worden, eingetragen im Bundesweiten Verzeichnis der Deutschen UNESCO-Kommission.
Ostfriesland hat eine regelrechte Teekultur entwickelt; ohne das Teetrinken sind die Ostfriesen gar nicht mehr denkbar; es ist ihr Lebenselixier. Es gibt kaum einen Haushalt und kaum einen Arbeitsplatz, wo es die „Ostfriesische Teestunde“ nicht gibt. Es gehören einmal die besondere „Ostfriesische Mischung“ , eine besondere

Das Teemädchen in Leer

Art der Zubereitung, ein besonderes Teegeschirr mit dem „Ostfriesen-Muster“ dazu, und selbst das Messingstövchen und das Silberbesteck haben ihr besonderes Dekor.

Das Teetrinken in Ostfriesland ist immer eine besondere Zeremonie. Zur Teezubereitung wird stets dieselbe Kanne verwendet, die nur mit lauwarmem Wasser abgewaschen wird. Dadurch bildet sich im Laufe der Zeit innen ein bräunlicher Belag, der das Aroma und den Geschmack erhält und fördert. Vor dem Ansetzen wird die Kanne noch einmal heiß ausgespült. Pro Tasse ein Teelöffel voll Tee und ein zusätzlicher „für die Kanne“ sind das Maß und die Menge. Aus dem Teekessel wird dann frisches, gerade kochendes Wasser etwa drei bis vier Zentimeter hoch auf die Teeblätter gegossen. Diesen Aufguss, der auf einem Stövchen warm gehalten wird, lassen die Ostfriesen höchstens fünf Minuten ziehen, danach gießen sie so viel Wasser nach, wie Tassen bereitet werden sollen. Die verhältnismäßig kleinen ostfriesischen Teetassen werden zu Dreiviertel gefüllt. Eine wesentliche Voraussetzung für guten Tee ist weiches Wasser. Aber seine vollmundige Wirkung entfaltet der starke Tee erst durch seine beiden Zutaten: Den Kandis (Kluntje) und die Sahne (Rohm). Der Tee wird auf den Kandis gegossen, so dass er knisternd zerspringt. Die Sahne wird mit einem besonderen Sahnelöffel aus einem Gefäß geschöpft und in einer gleichmäßigen kreisförmigen Bewegung auf dem Teespiegel abgelegt, so dass sie ein Wölkchen bildet. Umrühren verstößt gegen den guten Geschmack. Ein richtiger Teetrinker kostet zunächst das starke Aroma, dann die milde Verbindung von Tee und Sahne, ein Genuss in drei Gängen.

Ewald Christophers, plattdeutscher Reporter und Autor, hat dies einmal so beschrieben: „Tee as Ölje – en Kluntje as’n Sliepsteen – un Rohm as’n Wulkje“. Also den Tee so dickflüssig wie Öl, ein Stück Kandis, so groß wie ein Schleifstein, und obendrauf die Sahne wie eine luftige Wolke.

Drei Tassen Tee sind des Ostfriesen Recht. Seinen Verzicht auf weitere Tassen Tee gibt der Ostfriese dadurch kund, dass er seinen Teelöffel in die ausgetrunkene Teetasse stellt. Die Teepause ist ihm „heilig“, das Teetrinken ist ihm zu einer lebensnotwendigen Entspannungsübung geworden. Nichts kann vollkommener sein! Da bleibt selbst die Zeit stehen.

Teetied

Der Teestövchenmacher von Spetzerfehn

Stövchen: Norddeutsch für Kohlenbecken; Wärmevorrichtung für Tee oder Kaffee, so steht es im Duden. Mit Kohle werden sie heute nicht mehr beheizt; das waren die großen Stövchen, wo man seine Füße wärmte in den fußkalten Stuben der ostfriesischen Behausungen. Auch im Bett waren sie anzutreffen, vorm Zubettgehen.

Alfred Weber aus Spetzerfehn

Nein, dies ist alles Geschichte in den Zeiten elektronisch gesteuerter Heizungsanlagen. Heute stehen die Stövchen auf fein gedeckten Tischen, im Innern eine Kerze, oder wie treffend, ein Teelicht und halten das Nationalgetränk der Ostfriesen, den Tee, heiß.

Die Materialien und Formen dieser kleinen „Standheizungen" sind mannigfaltig, von Keramik über Porzellan bis Edelstahl. Mir aber gefallen nun am besten die in vielen Formen hergestellten Stövchen aus Messingblech, handgearbeitet mit feinen Mustern, auf Hochglanz poliert.

Ein Meister im Herstellen dieser kleinen Kunstwerke ist der, wie er sich nennt, Teestövchenmacher Alfred Weber aus Spetzerfehn. Ich habe ihm lange bei der Arbeit zugeschaut, während er mir erzählte, wie er zu diesem Handwerk gefunden hat. Seit 1969, damals noch mit seinem Onkel, der einige Vorlagen in einem alten Buch aus der Zeit um 1900 entdeckt hatte, gestalteten sie die ersten Stövchen. Beide waren gelernte Schmiede, in einer Zeit, wo dies Handwerk aufgrund der Mechanisierung in der Landwirtschaft langsam ausstarb. Erst nur als Winterarbeit gedacht, wurde es nach und nach für Alfred Weber zu einer beschaulichen Vollbeschäftigung. Sein historisches Muster hat er bis heute beibehalten. Charakteristisch für sein ausgestanztes Dekor ist, dass es immer drei Kreise ergibt. Er sagte, es soll „Glaube – Liebe – Hoffnung" symbolisieren. Ich wünsche ihm, dass er noch lange mit seinen Stövchen diese Botschaft verbreiten darf. Mittlerweile hat er auch überregionale und internationale Kundschaft, seitdem das NDR 3 Fernsehen in einer Heimatsendung ihn und sein Handwerk vorgestellt hat.

Klootschießen und Boßeln

Lüch up un fleu herut!
Der friesische Nationalsport

Ein altes plattdeutsches Wort sagt: „Toerst lährt een Freesenjung dat Lopen, glieks dorna aber al dat Klootscheeten." Es mag etwas übertrieben klingen, doch in früheren Zeiten galt es sicher. Hier findet der Ostfriese seine Entspannung: Im Klootschießen und Boßeln. Das ältere von beiden ist das Werfen oder „Smieten"

Der Bahnweiser „Hier up an!“

mit dem kleinen Kloot, heute eine Hartholzkugel, dreimal durchbohrt und mit Blei ausgegossen. Ein reines Wintervergnügen. Über hart gefrorenen Boden geht es vor allem in der baum- und buscharmen Marsch möglichst direkt hinterm Außendeich quer feldein. Mann gegen Mann, Dorf gegen Dorf, Gruppe gegen Gruppe, in mehreren Durchgängen. Bei diesen Feldkämpfen zählt das „Trüllen“ der Kugel mit, bis zu dem Punkt, wo sie auf dem Boden liegen bleibt. Der Feldkampf geht über ein mehrere Kilometer langes Gelände hin und zurück, indem von der Stelle, wo die Kugel liegen bleibt, der nächste Wurf derselben Partei erfolgt. Ein Sprungbrett, Läufer und Matte für den Abwurf sowie die Zuschauer wandern mit. Zu einem Prestigeduell zwischen Ostfriesen und Oldenburgern in Jever pilgerten 1926 etwa 15.000 Zuschauer. Bei diesen „Länderkämpfen“ kündigt ein Trompetensignal die ersten Takte der jeweiligen „Nationalhymne“ den Abwurf an. Die Bahnweiser zeigen mit ihren Fahnen, wie und wohin der Kloot kommen sollte, und feuern den Werfer mit Zurufen entsprechend an. Unentbehrlich unter den Zuschauern sind die „Käkler“ und „Mäkler“, die beredten und lautstarken Zuschauer.

Eine andere Form des Klootschießens ist der Standkampf, ausgeführt auf Sportplätzen innerhalb einer vorgeschriebenen Bahn. Geworfen wird hier ebenfalls vom Sprungbrett; gemessen wird die Weite jedoch ohne „Trüll“, d. h. von der Abwurflinie bis zum ersten Aufschlag. Diese Form des Wettkampfes wird in erster Linie bei Meisterschaften im Sommer angewandt.

Nach ähnlichen Regeln verläuft auch das zu jeder Jahreszeit mögliche „Boßeln“, das Werfen mit der dicken Pockholzkugel, heute auch wohl aus Hartgummi oder Kunststoff, auf den Landstraßen. Das Straßenboßeln ist zum beliebtesten Volkssport Ostfrieslands geworden. Er wird gern auf Betriebsausflügen ausgeübt, nicht zuletzt, um für die anschließende Feier einen gehörigen Appetit auf Grünkohl mit Speck und Pinkel und Durst auf den ostfriesischen Landwein, den Korn, zu bekommen. Tausende von Menschen

Frischweg Fleu herut

Spezielle „Söker" erleichtern das Aufstöbern der Kugel.

boßeln sonntags auf den Nebenstraßen Ostfrieslands, meistens organisiert im „Friesischen Klootschießerverband". Und noch etwas hat der Friesische Klootschießerverband auf seine Fahne geschrieben: Die Erhaltung der plattdeutschen Sprache. So tragen die Vereine urige Namen, in denen sich allein schon etwas vom „rechten Klootschießergeist" widerspiegelt: „He löppt noch", „Liek ut de Hand", „Free herut".

Der Blaudrucker

„He kann hexen un blaufarven."

Diese alte Redewendung nimmt Bezug auf die Arbeitsweise eines Blaudruckers; denn die Stoffe erhielten ihr endgültiges Aussehen nicht durch die Färbung, sondern durch die Verwendung von Druckstöcken, den so genannten Modeln.

Der Blaudrucker war Formenschneider, Drucker und Färber in einer Person. Er entwarf und schnitt lange Zeit seine Druckstöcke selbst. Darüber hinaus musste er Kenntnisse über die richtige Zusammensetzung der Druckmasse, des so genannten Papps, haben, um das Aufbringen der Model auf den Stoff (meist Leinen, später Baumwolle) vornehmen zu können. Schließlich musste er in der Lage sein, aus Waid (deutscher Indigo – gelbblütiger Kreuzblütler wurde wegen seines blauen Farbstoffs angebaut) oder Indigo, den beiden verfügbaren Farbstoffen, das Farbbad, die Küpe, herzustellen. Der Blaudrucker ließ sich selber keinen „blauen Dunst" vormachen. Geht man davon aus, dass er seine Stoffe „grün und blau schlug", konnte man beim Zuschauen des mehrfach wiederholenden Farbvorgangs „sein blaues Wunder erleben"; verständlich, weshalb im Volksmund

Hist. Model mit Blumenornamenten

Blaudruckerei im Kattrepel zu Jever

von „Hexen und Blaufärben“ gesprochen wurde.

In einer Werkstatt waren in der Regel dreihundert bis vierhundert Modeln vorhanden. Am häufigsten verwendete man Blumen-, Ranken- und Punktmuster. Im 18. und 19. Jahrhundert bestückte man die Muster mehr und mehr mit feinen Metallstiften und –Streifen, die ins Holz „gesetzt“ wurden. In dieser Zeit bildete sich ein eigener Berufsstand der Formenschneider heraus.

Vor dem Druck wurde das Gewebe in einem mit Ziegelsteinen ummauerten Kessel gekocht. Nach dem Bleichen musste der Stoff gemangelt und häufig gestärkt werden, damit er die zum Bedrucken erforderliche Glätte und Festigkeit erhielt. Das Aufdrucken des Papps als Grundlage für das Muster erfolgte auf dem Drucktisch, der als feste Unterlage für das zu bedruckende Zeug diente.

Die Druckmasse bestand je nach Geheimrezept des Meisters aus Tonerde, Gummiarabikum, salpetersaurem Blei, Kupfervitriol, Grünspan, Blaustein und Schmalz und anderen „Zutaten“. Nur durch eine richtige Zusammensetzung des Papps konnte ein gleichmäßiger Druck gewährleistet werden.

Der Druck

Das Muster

Der fertig bedruckte Stoff wurde in Bahnen zum Trocknen aufgehängt, wobei sich die Stoffe nicht berühren durften. Für den Färbevorgang musste der Indigo zuvor in eine lösliche Verbindung gebracht werden. Diesen Vorgang nennt man Verküpern und bezeichnet die Blaufärberei auch als Küperfärberei. Die Bezeichnung „Küpe" für den Kessel, in dem gefärbt wurde, ist auch auf die Färbeflüssigkeit selber übergegangen.

Der in Stückform gelieferte Indigo musste zuvor zermahlen werden. Der weißfarbene Indigo ist in einer verdünnten Kalklauge, der gewöhnlich Eisenvitriol zugegeben wird, löslich und hat eine klar-gelb-grüne Farbe. Über jeder Küpe hing an einem über Rollen laufenden Seil ein mit Eisenhaken besetzter Rahmen, der zum Niederlassen der verschiedenen „Zeuge" in die Küpe diente. Um die gewünschte Farbtontiefe zu erreichen, tauchte man die Gewebe mehrmals in die Küpe ein.

Nach dem Ausfärben der Stoffe musste die Druckfarbe ausgewaschen und der fertige Stoff getrocknet werden.

In der vor 35 Jahren in Jever eingerichteten „Blaudruckerei im Kattrepel" wird die altbewährte Tradition der vielen früheren Blaufärbereien fortgesetzt. Es werden Stoffe mit jahrhundertealten Mustern aus ehemaligen ost-

Das blaue Wunder

friesischen und oldenburgischen Werkstätten bedruckt und dem Indigo gefärbt, der nach altüberlieferten Rezepten „gewonnen" wird. Inhaber der Blaudruckerei, der einzigen im Nordwesten, ist Georg Stark. Viele Gäste hat der historische Handwerker bereits mit seinem „Hexen und Blaufärben" in Erstaunen versetzt. Seit Juni 2019 ist die Blaudruckerei offiziell auf die internationale Liste des Weltkulturerbes der UNESCO aufgenommen worden.

Wie ein Magier mischt der Meister
mit Spangrün, Vitriol und Waid
in weiß auf blaugefärbtem Linnen.

Holzschiffbau Bültjer Werft, Ditzum

In dem Fischerdorf Ditzum an der Ems, schräg gegenüber von Emden, liegt nunmehr seit 121 Jahren die Bültjer Werft. Diese Familienwerft zählt zu den leistungsstärksten Kutterwerften

Bültjer Werft – Emder Heringslogger AE 7

an der deutschen Nordseeküste. Ungewöhnlich ist die Geschichte dieses Familienbetriebes; sie begann mit dem Stellmacher Hinderk Gerjets Bültjer (1869-1846). Von Ditzumerverlaat aus zog er auf den Deich von Ditzum. Mit dieser schicksalshaften Entscheidung begann der „neue Weg") der Bültjer. In einer Heimatzeitung verkündete der Handwerker am 4. April 1899: „Dem geehrten Publikum von Ditzum und Umgebung die ergebene Mitteilung, dass ich mich hierselbst als Stellmacher niedergelassen habe …".

Es wurden aber nicht nur Wagenräder, Fässer und Deichseln hergestellt, sondern auch Kreier (kleine schlittenartige Fahrzeuge, mit denen die Wattfischer zur Ebbzeit zu ihren aufgestellten Reusen fuhren) und kleine Boote. 1907 und 1911 rollten die ersten größeren Boote vom Deich in die Ems – gebaut von einem Stellmacher.

Der erste Bültjer, der sich ganz auf den Bau von Schiffen verlegte, war Jan Bültjer (1903-1974). Er lernte Bootsbauer, war also der erste, der später dann mit seinem Bruder und seinen Nachkommen einen Werftbetrieb aufbaute, der

Werft, Große Halle

Jan Bültjer in Aktion

sich von Anfang an durch die Qualität seiner Schiffe einen guten Namen machte.

Ihre Blütezeit erlebte der Kutterbau, hauptsächlich für den Granatfang, dort in den ersten Nachkriegsjahren. Bis 1958 wurden ausschließlich Fischereifahrzeuge gebaut, danach auch mehr und mehr Kutterjachten. Yachtbauten, Reparaturen, jährliche Pflegemaßnahmen, Renovierungen an Traditionsschiffen aus dem In- und Ausland beschäftigen eine Belegschaft von 15–20 Personen. Viele gute Bootsbauer an Nord- und Ostsee haben ihre Lehre bei Bültjer in Ditzum absolviert.

Ab und zu findet sich auch mal ein „Nichtholzschiff" ein, und im Winterlager oder auf der Helling sind auch diese willkommen. Aber bei allen Terminplanungen gilt die Regel, dass Fischkutter Vorrang haben. Letztlich muss mit Fischereifahrzeugen Geld verdient werden. Wenn ein Fischer der Werft an der Ems den Bauauftrag erteilte, konnte er zur Baugestaltung immer ein gewichtiges Wort mitreden. Erst nachdem alle Wünsche genau besprochen waren, fertigten die Bootsbauer die Zeichnung an. Die Kiellegung eines Kutters geschieht in der Halle. Rund 30 Kubikmeter Holz benötigt man zum Bau eines 16 m langen und 4,60 m breiten Schiffes. Kutter werden aus Eichenholz gebaut; denn das ist nach wie vor das beste Holz. Für das Deck verwendet die Werft Pitchpine (nordamerik.Pechkiefer); dies sind die Grundelemente, die dafür bürgen, dass Bültjer-Kutter unverwüstlich sind.

Bis 1990 sind etwa 234 Kutter von der Werft gebaut worden. Unterschiedlich war die Art und Weise, wie sie zu Wasser gelassen wurden. Vor 80 Jahren fand so ein Neubau den Weg in die Ems über hölzerne Rollen, und wenn das nicht so recht klappen wollte, kam die Fähre (Ditzum-Petkum) mit einer Schleppverbindung zu Hilfe. Im Jahre 1934 besaß die Werft noch eine handbetriebene Slipanlage, und seit Anfang der fünfziger Jahre hilft die Elektrizität mit, die Neubauten ins nasse Element rutschen zu lassen. Bis zu 150 Tonnen können „geslipt" werden. Kleinere Schiffe bis 35 Tonnen können heute sogar mit einem Kran ins Wasser gesetzt werden.

Jan Lohmann Bruhns, Küstenfischer

Küstenfischerei im Weltnaturerbe Wattenmeer

Das Bild der Häfen an der ostfriesischen Küste wird von bunten Fischkuttern geprägt. Heute sind rund 60 aktive Betriebe an der ostfriesischen Sielhäfenküste registriert. Betrieben wird hauptsächlich die Fischerei auf Plattfisch – Schollen und Seezungen – sowie Krabben oder Granat, wie der Fischer sie nennt. Das Verhältnis der Fänge hat sich in den letzten Jahren stark verändert. Vor etwa 30 Jahren teilte sich der Fang noch auf etwa 20 % Schollen sowie Seezungen und 80 % Krabben auf. Heute wird hingegen fast ausschließlich auf Nordseegarnelen gefischt, deren Fang über 3.000 Tonnen beträgt. Einige auf Muschelfischerei spezialisierte Kutter wie in Greetsiel und Norddeich landen fast 2.500 Tonnen Miesmuscheln an.

Wie allem hat der Mensch auch den Fischen und Meerestieren zuerst zu Fuß nachgestellt. Die den norddeutschen Küsten vorgelagerten Watten boten dafür ideale Voraussetzungen. Ebbe und Flut sorgten dafür, dass die großen Flächen regelmäßig betreten werden konnten, und jede Flut brachte wieder neuen Nachschub. Der Marschendichter Hermann Allmers schrieb in seinem Marschenbuch 1858: „Aber auch der Mensch eilt herbei (nicht nur die Seevögel), wenn das Watt bloßliegt, um teilzunehmen an dessen Gabe. Dort sieht man barfuß und hochgeschürzt Männer und Frauen in den Prielen waten, kleine Netzhamen vor sich herschiebend, die sie dann und wann in umgehängte Beutel leeren. Diese fangen die kleinen wohlschmeckenden Krebse, Garnelen (Cragon vulgaris), welche mit Salz abgekocht eine Delikatesse zum Frühstück und Nachtisch ausmachen und nach allen Städten und Hafenorten der Gegend verschickt werden. Andere fangen in diesen Lachen und Rinnen den Butt, einen Hauptfisch des Brackwassers…“

Winterruhe in Neuharlingersiel

Jan Lohmann Bruhns auf seiner Alina im Hafen Ditzum

Genau weiß man nicht, wann die Friesen auf die Idee kamen, geflochtene Reusen im Watt

Greetsiel, Krabbenkutter vor ehemaliger Rettungsstation

aufzustellen und sich den Fang zur Ebbzeit abzuholen. Mit schlittenartigen Gefährten, dem Kreier, fuhren die Reusenfischer zu ihren im Watt aufgestellten Fanggeräten.

Anfang des 20. Jahrhunderts begann dann das Fischen mit der Krabbenkurre vom Schiff aus. Vielfach unter 10 PS starke Motoren trieben damals die neun bis zehn Meter langen Boote an, was immer noch besser war, als vom Segelschiff die Netze auszuwerfen.

„Mit de Maschin in'n Buuk (Bauch) hett der Wind nich mehr dat Seggen an Bord."

Eine große etwa 8–9 m lange Stange, auch Baum genannt, an der das sich nach hinten verjüngende Netz befestigt ist, wird auf zwei jeweils an den Enden der Stangen befestigten Kufen über den Meeresboden gezogen. Das vordere untere Ende des Netzes wird von einem dicken Tau oder einer Kette gehalten, an der Holzrollen angebracht sind, die beim Schleppen des Fanggerätes durch den Kutter über den Wattboden rollen. Die Granate werden vom Grund aufgescheucht, springen ins Netz und sammeln sich in seinem hinteren Ende, dem Beutel oder „Büddel". Der erste Kutter auf der Bültjer Werft in Ditzum wurde 1928 gebaut. Vorher wurden Kutterneubauten u. a. auch in Dänemark oder Emden und Greetsiel in Auftrag gegeben.

Die köstlichen Krabben, die frisch vom Kutter verkauft werden, brauchen nach dem „Pulen" nicht viel Beiwerk. Auf eine Scheibe deftiges Brot mit Butter dick gehäuft sind sie eine echte Delikatesse. Aber eine Pfanne mit knusprigen Bratkartoffeln, dazu Rührei und eine ordentliche Portion frisch gepulter Krabben sind eine

Krabbenkutter Nordstrand vor Norderney

der feinsten Spezialitäten an der Nordseeküste mit einer Extraportion Jod für unsere Gesundheit.

So wird gepult: Die linke Hand hält die Krabbe fest, dann mit der rechten Hand den Schwanz anfassen und gerade biegen. Den Schwanz nach rechts biegen, leicht drücken und ziehen, Schwanzhülle fallen lassen und Fleisch herausziehen.

Eine weitere Fischereiart mit einer langen Tradition ist die Stellnetz- oder Hamenfischerei. An Staken in Abständen von 8,5 m in den Flussboden gerammt hängen ca. 24 m lange Netze. Die Öffnung vorn ist 6,5 m breit und endet immer schmaler werdend im so genannten „Büddel", der mit einem Steertknoten gesichert ist. Hier sammelt sich der gefangene Fisch. Die Netze schwingen frei, je nach Tide flussauf- oder flussabwärts zwischen den Staken. Gefangen wird hauptsächlich Aal und Stint.

Ringbrandofen in Nenndorf

Jeder Klinker ein Unikat

Seit 1904 produziert das alte Klinkerwerk in Nenndorf bei Westerholt und hat seitdem noch niemals zwei gleiche Steine hergestellt; jeder ist ein Unikat. Es ist weltweit das einzige Unternehmen, in dem noch ein Hoffmannscher Ringofen mit Torf betrieben wird, um so genannte Torfklinker herzustellen.

Zahlreiche Ziegeleien waren im Laufe des 19. Jahrhunderts zwischen Ems und Jade entstanden, die alle mit dem Deutschen Ofen arbeiteten. Die Herstellungskosten der so gefertigten

Klinkerwerk in Nenndorf

Steine waren in etwa gleich hoch, so dass ein großer Konkurrenzkampf nicht aufkam. Das änderte sich schlagartig 1871, als der Landwirt und Ziegeleibesitzer Roelf Reins in Jemgum eine Ringofenanlage einrichtete, die nicht nur bahnbrechend für das Rheiderland, sondern für ganz Ostfriesland war. Durch bessere Ausnutzung der aus Torf gewonnenen Wärme konnte die Produktion so enorm gesteigert werden. Zwei Drittel der früheren Energiekosten wurden eingespart.

Am Ringofen

Über dem Ringofen Torfvorrat
unten: Heizloch

Solche Anlagen brachten den Werken großen wirtschaftlichen Aufschwung.
Der Ringofen wurde von Hoffmann 1859 zum Patent angemeldet, welches man ihm aber wieder aberkannte, weil bekannt wurde, dass schon 1839 der Maurermeister Arnold aus Fürstenwalde den Ringofen konstruiert, aber sich nicht hat patentieren lassen. Der Name Hoffmannscher Ringofen blieb aber.
In Nenndorf wird der für die Ziegel verwendete Lauenburger Ton vor Ort abgebaut und mit einer Lorenbahn in das „Sumpfhuus“ verbracht, wo er mit Sand vermischt wird. Von dort gelangt der Ton über Förderbänder in das Maschinenhaus, wo er aufbereitet und gepresst wird. Aus einem Mundstück kommt dann schließlich ein langer Tonstreifen heraus, der zu dem Steinformat geschnitten wird. Die einige Tage

Brennkammer mit den fertig gebrannten Klinkern

vorgetrockneten Rohlinge werden in den Ringofen gesetzt und zwei Wochen lang bei konstanter Temperatur von 1.200 Grad gebrannt. Der Ringofen fasst 140.000 Steine. Für diese Menge benötigt er täglich drei bis vier Tonnen Torf. Der Brennvorgang dauert 13 Tage. Der im Ringofen verwendete Torf stammt ebenfalls zum Teil aus der Region, aus Wiesmoor.

Der Ringofen mit 18 Kammern wird durch Schüttlöcher von oben beheizt und das Feuer von Kammer zu Kammer geführt. Die Wärmeenergie wird nicht nur zum Brennen selbst, sondern in entgegengesetzter Richtung zum Vorwärmen genutzt. Gleichzeitig können in den vom Feuer weit genug entfernten Kammern die gebrannten Ziegel entnommen und neue Rohlinge eingesetzt werden. Der Ringofen ermöglicht eine Produktion rund um die Uhr. Das Einsetzen der Formlinge und das Auskarren der Steine ist bis heute schwerste körperliche Arbeit.

Der Gulfhof – Kathedrale der Arbeit

Sie prägen wesentlich das Bild der Kulturlandschaft in Ostfriesland und messen sich in ihrer räumlichen Größe durchaus mit Kirchen und Schlössern. Kathedrale? Wer einmal unter dem Dach einer frühsommerlich leeren Scheune in der Marsch gestanden hat, wird diesen Raumeindruck so bald nicht vergessen.

In den Wurtendörfern, etwa der Krummhörn, beherrschen sie das Ortsbild, drängen sie die Kleinhäuser, nicht selten gar die Kirche, zur Seite und zeigen bis heute, wer hier einst das Sagen hatte. Imponierend reihen sie sich längs der Geestzungen und –rändern an alten Binnendeichen oder an den Wegen der Polder und Groden etwa im Rheiderland oder in der ehemaligen Harlebucht. Als Einzelhöfe oder in kleinen Gruppen überragen sie auf hohen Warften die alte Marsch, etwa im Wangerland.

Pilsum, Alte Brauerei

Im Gulfhaus (Gulf = Geviert, Fach) leben Mensch und Vieh gemeinsam unter einem weit ausladenden Dach, das fast bis auf die Erde hinuntergezogen ist. Man gewinnt den Eindruck, als ob die Häuser sich vor dem Wind in den Boden duckten. Das Dach ist an der rückwärtigen Giebelseite auch abgeplattet, um dem Wind keine zu große Angriffsfläche zu bieten. Der Stallteil – das Achterende – liegt als Wirtschaftsgebäude hinter dem Wohnhaus, das einen sehr repräsentativen Charakter mit großen Räumen haben kann. Da das ostfriesische Bauernhaus keine Nebengebäude besitzt, dient der Wirtschaftsteil sowohl der häufig aufwendigen Viehhaltung als auch der Lagerung von Heu und Futtermitteln in den hohen, kubischen Räumen, die sich zwischen vier im Rechteck stehenden Holzständern befinden, dem so genannten „Gulf". In den niedrigen Seitenflügeln befanden sich früher das Torflager und der Schweinestall. Ein freier Platz diente als Tenne zum Dreschen.

Ihrer Größe und dieser Zweiteilung zum Trotz wirken die Gulfhäuser kompakt und wie aus einem Guss.

Hof Habbena, Krummhörn-Grimersum

Gulfhof in Bagband

Das machen der klare Umriss des Gebäudes mit seinem von Giebel zu Giebel durchlaufenden First, die ruhigen, geschlossenen Dachflächen (auch ihre Größe mit um die 1.500 m² rekordverdächtig), schließlich die einheitliche rote Farbe der Backsteinwände und des Ziegeldachs. Zugleich wirken die Hausriesen, vor allem die einsamen Einzelhöfe hinter hohen Bäumen, auch fremdartig, fast rätselhaft.
Aber eines gilt für alle: In den Gulfhöfen wurde geackert und geschuftet. Daher nennt man sie durchaus mit Recht:

„Kathedralen der Arbeit“.

Die Deiche
Ostfrieslands „Goldener Ring“

Die Geschichte der Deichbände - Deichachten lässt sich bis etwa zum Jahre 1000 nach Christi Geburt zurückverfolgen. Bis zu dieser Zeit bauten die Friesen zunächst Wurten; sie sind die Vorgeschichte der Deiche. Es sind Erdhügel mitten in der flachen Ebene der Marsch, teils unbebaut, teils von Dörfern oder Einzelhöfen bedeckt. Es gibt Wurten von über 10 m Höhe. Einige bedecken eine Grundfläche von bis zu 15 ha. Die kleinsten sind etwa 4 m hoch bei einer Grundfläche von etwa einem Hektar.
Sie waren die ersten Besiedlungs- und Schutzplätze für die Bewohner der offenen Meeresküsten oder der Flussufer vor der Eindeichung. Gegen Ende des 1. Jahrtausends begann man damit, die Wurten weiträumig mit Erdwällen zu umgeben. Die künstlichen Wälle, die Deiche, dienten zum Schutz der Äcker und Weiden. Anfangs umschlossen sie nur die Gemeindeflur, aber schon recht bald wuchsen diese einzelnen umdeichten Gebiete zusammen. Es entstand eine Deichlinie, der „Goldene Ring“, wie ihn die Friesen nennen, der im Laufe der Zeit das gesamte Küstengebiet zum Schutz gegen die Sturmfluten umschloss.
Diese Deiche wurden aber immer wieder durch Sturmfluten zerstört und mussten in mühsamer Handarbeit wiederhergestellt werden. Aus dieser Zeit stammt auch das alte Friesenwort:

„Kein Land ohne Deich und
kein Deich ohne Land“

Pilsum, Leuchtturm auf dem Deich

Deichacht Norden – Ein sicheres Bollwerk

Der Deichbau war eine zeitraubende harte Arbeit. Das benötigte Erdmaterial holte man aus der unmittelbaren Umgebung. Mit Gabel und Spaten hoben die Friesen landeinwärts einen breiten Graben, den Pütt, aus, der nach Fertigstellung des Deiches der Entwässerung des eingedeichten Landes diente. Das ausgehobene Erdreich wurde von Männern mit Tragen (Bahren) zur Baustelle getragen und dort aufgeschichtet. Als zusätzlichen Schutz erhielt der fertig gestellte, schmale und steile Deich eine Decke aus langen, treppenförmig aufeinander gelegten Grassoden. Im Vergleich zu den heutigen am Fuß bis 100 Meter breiten und fast 10 Meter hohen Deichen erscheinen die alten Deiche lächerlich klein und unwirksam, aber das Wasser konnte nicht mehr ungehindert ins Landesinnere vordringen, andererseits das Niederschlagswasser auch nicht mehr abfließen. Es mussten Deichdurchlässe, so genannte Siele, gebaut werden. Da diese Siele sehr verkehrsgünstig lagen – eine Verbindungsstelle zwischen Binnenland und Meer –, wurden hier Handelszentren gegründet. Es entstanden die kleinen Städte und Sieldörfer an der Küste, wobei andere Orte vom Meer abgeschnitten wurden und an Bedeutung verloren.

Die einfachen, steilen Erddämme wurden um 1600 in Schleswig-Holstein von Deichen mit flach abfallendem Außenprofil abgelöst; an anderen Küstenabschnitten setzte sich dieser Deichtyp erst wesentlich später durch. Wo die Gefahr starker Angriffe durch die Brandung bestand, verstärkte man die Außenseite der Deiche mit dicken Schichten von Seegras bewachsener Kleiklumpen. Etwas später entstanden die Wierdeiche, deren seeseitige Böschung mit dicken Paketen aus Seegras regelrecht bepflastert wurde. Durch Gärung dickte das Seegras zu einer kompakten Masse ein, so dass ein fast mauerartiger

Deichschutz entstand, der durch Holzpfähle noch verstärkt wurde. Der Name Wierdeich stammt ebenso wie die Bezeichnung Slikkerdeich für den vorher beschriebenen Typ aus dem Niederländischen. Die Niederländer waren jahrhundertelang führend im Deichbau.

Die Stackdeiche waren vom 15. Jahrhundert an weit verbreitet. Es handelte sich dabei um scharliegende Deiche, denen also kein schützendes Vorland vorgelagert war und deren seeseitige Front aus Pfählen bestand. Ab dem 18. Jahrhundert verwendete man Steinschüttungen, denen später aus vier Schichten bestehende Steinböschungen folgten. Moderne Deiche haben einen Kern aus Sand, der als Baumaterial zwar minderwertig ist, jedoch den Vorteil hat, dass er bei Bedarf aus dem Watt durch Spülrohre sofort an Ort und Stelle gepumpt werden kann. Anschließend erhält der Sandkern einen schweren Kleiauftrag, auf den durch Grassoden oder Aussaat eine Rasendecke gepflanzt wird. Schafe und manchmal auch Gänse halten die Rasendecke in gutem Zustand und betreiben Deichkosmetik. Wo mit besonders starker Beanspruchung durch die Brandung zu rechnen oder wo kein Kleiboden vorhanden ist, wird die Außenseite der Deiche zusätzlich mit einer Stein- oder Asphaltdecke verstärkt. Es gibt sogar Deiche, wie den Eiderdamm, die vollständig mit Asphaltbeton überzogen sind.

Nach der schweren Sturmflut von 1962 wurden alle gefährdeten, noch nicht dem letzten Erkenntnisstand entsprechenden Deichanlagen, umgebaut. Es wurden neue Bemessungswasserstände und Wellenauflaufhöhen angepasst an die neu entwickelten Deichprofile festgelegt. Ein auf diese neuen Erkenntnisse beruhendes groß angelegtes Küstenschutzprogramm wurde in Angriff genommen, Erhöhung und Verstärkung von 585 km Deichen, der Bau von 650 km Deichverteidigungswegen sowie 24 neuen Sielen und 7 Schöpfwerken. Neue Herausforderungen im Küstenschutz ergeben sich nun durch einen möglichen Klimawandel. Das Land Niedersachsen nimmt diese langfristigen Prognosen ernst. Die Deiche werden um 25 cm höher gebaut als bisher. Der „Klimazuschlag" beträgt damit jetzt einen halben Meter, denn 25 cm hatte der NLWKN (Niedersächsischer Landesbetrieb für Wasserwirtschaft, Küsten- und Naturschutz) angesichts des steigenden Meeresspiegels bisher ohnehin schon eingeplant.

Mit dem Anfang 2007 vorgelegten Generalplan Küstenschutz (ein neuer soll 2020 erscheinen) für das Festland hat der NLWKN den Bedarf für die Erhöhung und Verstärkung der niedersächsischen Hauptdeichlinie verdeutlicht. Das Land Niedersachsen stellte 2013 mehr als 72 Millionen Euro für den Küstenschutz zur Verfügung. Große Fortschritte hat es vor allem deshalb gegeben, weil das Land Niedersachsen seit 1995 umgerechnet mehr als zwei Milliarden Euro in den Küstenschutz investiert hat. Inzwischen sind die höchsten Deiche bis knapp zehn Meter hoch. Die Sturmflut vom 1. November 2006, die der Küste und den Inseln höhere Wasserstände bescherte als die Sturmfluten von 1962 und 1976, hat gezeigt, dass die Deiche gegen die Fluten gerüstet sind.

Schardeich auf der Westseite des Layhörns; außen Böschenbefestigung auf Asphaltbeton mit Höckersteinen

Orgelbau Ahrend in Leer-Loga

Ab 1954 waren es die jungen Orgelbaumeister Jürgen Ahrend und Gerhard Brunzema, die den Wert und die Eigenart der alten Orgeln in Ostfriesland erkannten und grundlegend neue Wege in der Restaurierungspraxis einschlugen. Dadurch konnten die wertvollen Orgelwerke in Emden-Larrelt, Westerhusen, Rysum und Uttum wieder zu charaktervoller Blüte gelangen und wurden nicht wie andernorts durch eine ideologische fehlgeleitete Restaurierungspraxis ihrer ursprünglichen Strahlkraft beraubt. Diese Pionierarbeit erlangte eine weltweite Ausstrahlung, so dass die Orgelbauwerkstatt Ahrend in Leer-Loga heute mit ihren Qualitätsmaßstäben zu den führenden Orgelbauwerkstätten der Welt gehört.

Es begann in einer kleinen aufgelassenen Landmaschinenwerkstatt in Leer. Unter den ersten Aufträgen waren sowohl kleinere Neubauten als auch bereits Restaurierungen an wertvollen historischen Instrumenten. Diese frühen Arbeiten der Werkstatt fanden sehr rasch Beachtung in der Fachwelt. Bereits 1955 richteten die Orgelbauer eine eigene Pfeifenwerkstatt in einer ehemaligen Fahrzeuglackiererei in der Brummelburgstraße ein.

Da Aufgaben und Belegschaft rasch wuchsen, entstand in mehreren Baustufen ab 1958 der heutige Gebäudekomplex in Leer-Loga. Die eigene Pfeifenfertigung in der Werkstatt Ahrend und Brunzema kann man durchaus als Durchbruch bezeichnen. Diese Fertigungstiefe war für so einen kleinen Orgelbaubetrieb um 1960 enorm, hatte er nunmehr mit vier Mitarbeitern alle relevanten Parameter in seiner Hand. Dies wurde von Fachleuten durchaus honoriert, und weitere Meilensteine waren dann die Neubauten für Scheveningen, Aurich, St. Lamberti (1961)

Orgelbaumeister Hendrik Ahrend – Pfeifensortiment

Dr. h. c. Jürgen Ahrend 1955, Orgelbaumeister, Firmengründer (Bild privat)

Hendrik Ahrend vor einem Orgelneubau

oder Bremen, St. Martini (1962 im historischen Gehäuse). Die Aufträge kamen nun nicht mehr nur aus der näheren Umgebung, sondern aus ganz Deutschland sowie den Niederlanden und Österreich. Große Beachtung fanden die Arbeiten besonders in den Kreisen, welche sich für historisch informierte Aufführungspraxis von Musik engagierten. Die jungen Orgelbauer schauten bei den alten Meistern so genau hin, dass selbst die neuen Orgeln genauso gut klingen und darüber hinaus noch besser funktionierten.

Bereits 1962 erhielten Ahrend & Brunzema den Niedersächsischen Staatspreis für Handwerkskunst, eine Auszeichnung, die wohl nur selten so kurz nach einer Firmengründung verliehen wurde.

Unterschiedliche Auffassungen in der Gestaltung der Orgelgehäuse führten dazu, dass Brunzema 1971 die gemeinsame Firma verließ.

Jürgen Ahrend blieb mit seinen Mitarbeitern in Leer. Die Bank spielte zum Glück bei der Auszahlung des scheidenden Teilhabers mit, und die Firma konnte nicht nur erhalten werden, sondern fokussierte sich noch stärker auf das schon zuvor bewährte Rezept: Detailgenaues Studium der erhaltenen Instrumente aus dem 16. bis 18. Jahrhundert, um die Ergebnisse möglichst sinngemäß auf Restaurierungen und Neubauten zu übertragen.

Sowohl der Mut, auch einmal „Nein“ sagen zu können, als auch das Bekenntnis zu eigenen Überzeugungen und den jeweils besten orgelbaulichen Lösungen, stets gepaart mit dem Respekt vor der Verantwortung gegenüber den wertvollen Instrumenten führte schließlich dazu, dass sich Orgelbau Ahrend einen festen Platz ganz oben in der Internationalen „Szene“ sicherte. Top Restaurierungen waren die Arp Schnitger Orgeln in der Groninger Martinikerk (1984) und der Jacobikirche in Hamburg (1993) oder die Wiedergewinnung der Wagner-Orgel in der Domkirche zu Trondheim.

Von den zwei Söhnen Jürgen Ahrends trat Hendrik nach einigen Umwegen in die Fußstapfen seines Vaters. Nach einer Lehre als Orgelbauer von 1984 bis 1987 bei der Traditionswerkstatt Rohlf schob Hendrik ein Studium der Amerikanistik und Sportwissenschaft ein, um eine gewisse Unabhängigkeit zu erreichen. Trotzdem blieb er dem Orgelbau verbunden. Zurück in der väterlichen Werkstatt wurden ihm ab den 1990er-Jahren anspruchsvolle Aufgaben anvertraut.

Im Jahr 2000 legte Hendrik Ahrend die Meisterprüfung ab. 2002 intonierte er die Orgel der Lutherkirche in Leer. 2004 erhielt er den internationalen Arp Schnitger Preis. Im Jahre 2005, 51 Jahre nach der Firmengründung, übergab Jürgen Ahrend die weltweit angesehene Orgelbauwerkstatt an seinen Sohn Hendrik.

Über 218 Arbeiten höchster Qualität in 65 Jahren. Was zwei Generationen Ahrend auf die Beine gestellt haben, ist eine Erfolgsgeschichte nach ganz oben.

Schmelztiegel für Zinn zur Pfeifenherstellung

In der Werkstatt Leer-Loga arbeiten heute, Stand 2020, neun Mitarbeiter und ein Auszubildender. Inhaber Hendrik Ahrend ist zuständig für Administration, Planung und Intonation; Gattin Andrea für Organisation und Büro. Drei Orgelbauer, drei Tischlermeister, ein Tischler und zwei Pfeifenmacher vervollständigen das Team.

Heute hat der Betrieb Kunden neben dem norddeutschen Raum in Süddeutschland, Österreich, den Niederlanden, Kanada, England, Australien und Amerika.

Pfeifenmacher Hinrich Manssen

Die moderne Tischlerei mit Tischler Dennis Bocker an der Hobelmaschine

Zentral auf der Rysumer Dorfwurt die wuchtige Kirche mit der ältesten noch spielbare Orgel in Ostfriesland

Passionsaltar in der lutherischen Kirche Loquard aus dem Anfang des 16. Jahrhunderts

Inneres der gewölbten Rechteck-Einraum-Kirche in Campen mit dem im 13. Jahrhundert bemalten reichsgegliederten Kuppelgewölbe

Ostfriesland-Wappen

Graf Rudolph Christian, der von 1625 bis 1628 regierte, führte das sechsschildige ostfriesische Wappen ein. Es zeigt im ersten, schwarzen Feld einen goldenen, gekrönten Jungfrauenadler (Harpyie) und in den vier Ecken je ein goldenes Spornrad. Die Harpyie war das Wappen der Cirksena. Die Spornräder sollen aus dem Norder Wappen stammen und auf die Herkunft des ältesten nachweisbaren Vorfahren hindeuten (?). Im zweiten roten Feld zeigt es einen goldenen, auf Haupt und Flügeln gekrönten Adler (Wappen der tom Brok). Durch Heirat des Häuptlings Enno mit Gela von Manslagt war die Herrschaft Manslagt an das Haus Cirksena gekommen. Im dritten Feld ist das Wappen der früheren Häuptlinge von Manslagt wiedergegeben: Im silbernen Feld ein roter Balken, der mit fünf abwechselnd goldenen und silbernen Rauten besetzt ist. Über dem Balken zwei blaue und unter ihm ein blauer Sichelmond. Das vierte Feld weist auf die Verbindung der Cirksena mit den Ukena hin. Der spätere Graf Ulrich I. hatte die Enkelin Fokko Ukenas, Theda, geheiratet und dadurch den großen Ukenaschen Grundbesitz mit seinem vereinigt. Das Wappen der Ukena: Auf blauem Grund ein rechtsaufgerichteter silberner Löwe mit einer gestürzten goldenen Krone um den Hals. Die beiden letzten Felder beziehen sich auf das Harlingerland. Der rechtsaufgerichtete, rot bewehrte schwarze Bär mit goldenem Halsband auf goldenem Grund ist das Wappen der Altena, der einstigen Herren des Harlingerlandes. Die zwei goldenen und schräg gekreuzten zweisträngigen Geißeln im blauen Felde stammen aus dem Wappen des Häuptlings Hero Omken (1473-1522). Über dem ostfriesischen Wappen befinden sich drei gekrönte Bügelhelme. Der mittlere, der als Helmzier eine goldene Lilie vor sechs goldenen Straußenfedern trägt, gehört zum Cirksenawappen. Die Farben der Helmdecke sind schwarz-gold. Der Helm mit goldenem Adlerrumpf mit rotem Flug und rot-goldener Helmdecke gehört zum Wappen der tom Brok. Der dritte Helm trägt als Zier zwei schräg gekreuzte Geißeln und eine Lilie. Die Helmdecke ist blau-gold. Er gehört zum Wappen des Harlingerlandes. Die Farben der Helmdecken ergaben unter Auslassung des Gold die Farben der ostfriesischen Landesflagge Schwarz-Rot-Blau.

Literaturnachweis

Die Deutsche Küste, Hrsg. Frank Grube / Gerhard Richter, Weltbild Verlag 1990

Nordseeküste und Wattenmeer, Willi und Ursula Dolder, Lingen Verlag 1988

Ostfriesland, Hrsg. Günther Möhlmann, Burkhard-Verlag Essen 1961

Deutsche Nordsee, Siegfries Kutting, Silke Helser, Reich Verlag Luzern Switzerland 2006

Ostfriesland, Lutze / Eberhard, Deutscher Kunstverlag München 1980

Kultur und Landschaft Ostfriesland, Hajo van Lengen, Ruhrspiegel-Verlag Essen 1978

Altes Handwerk in Ostfriesland – Von der Zunft zur Innung, A. H. F. Dunkmann Aurich 1991

Die Geschichte Ostfrieslands, Karl Cramer Isensee Verlag Oldenburg 2003

Ostfriesisches Mühlenbuch, Walter Norzel / Hartmut Weßling, Hrsg. Niedersächsische Sparkassenstiftung, Schlütersche Hannover 1991

Sielhäfen in Ostfriesland, Günter G. A. Marklein Isensee Verlag Oldenburg 2017

Weihnachten in Ostfriesland, Günter g. A. Marklein, Isensee Verlag Oldenburg 2015

Bültjer-Werft Ditzum, Cora Bültjer

Deiche und Sturmfluten, Günter G. A. Marklein Isensee Verlag Oldenburg 2014

65 Jahre Orgelbau Ahrend 1954-2019, Markus Zimmermann, Verlag Schnell & Steiner GmbH 2019

Land im Nordwesten, Günter G. A. Marklein Isensee Verlag Oldenburg 2012

Burgen und Schlösser in Ostfriesland, Günter G. A. Marklein Isensee Verlag Oldenburg 2015

Deutsche Bauernhäuser, Klaus Thiele, Langenwiescher Verlag, Königstein i. Taunus, 1955